Carsten Görig   **Gemeinsam einsam**

Für C., J. und N., die mich in den richtigen Momenten abgelenkt haben.

Carsten Görig

Gemeinsam einsam

Wie Facebook, Google & Co. unser Leben verändern

orell füssli Verlag AG

2. Auflage 2011

© 2011 Orell Füssli Verlag AG, Zürich
www.ofv.ch

Konzeption und Realisation: Ariadne-Buch, Christine Proske, München
Redaktion: Kathrin Nord, München
Umschlagabbildung: © iStockphoto.com (Joan Vicent Cantó Roig)
Umschlaggestaltung: Andreas Zollinger, Zürich
Druck: fgb • freiburger graphische betriebe, Freiburg

ISBN: 978-3-280-05422-2

Bibliografische Information der Deutschen Nationalbibliothek: Die Deutsche Nationalbibliothek verzeichnet diese Publikation in der Deutschen Nationalbibliografie; detaillierte bibliografische Daten sind im Internet über http://dnb.d-nb.de abrufbar.

Inhalt

Gemeinsam einsam:
Willkommen im neuen Netz

«Ist das da vorne ein Telefonmast? Halt mal bitte an, ich muss unbedingt meine Mails checken!» Ich parke den Wagen am Straßenrand. Der Freund, mit dem ich unterwegs bin, holt sein iPhone aus der Tasche. Wir sind mitten in der kalifornischen Mojave-Wüste, irgendwo zwischen Amboy und Twentynine Palms. Seit heute Vormittag haben wir kaum noch Verbindung zur Außenwelt gehabt. Das Handy konnte ausgeschaltet bleiben, Empfang ist hier selten. Jetzt aber ist er da.

Obwohl wir nur etwas mehr als 100 Meilen von Las Vegas entfernt sind, wohnt hier kaum jemand – zumindest niemand, für den es sich lohnt, Telefonmasten aufzustellen. Es gibt nur endlos scheinende Straßen, verdorrtes Gestrüpp, Bahngleise, auf denen sich lange Güterzüge durch die flirrende Hitze steile Bergstrecken hinaufquälen. Ab und an kommen wir durch Reste von Dörfern, sehen Häuser, die kurz vor dem Zusammenfallen sind, Wohnwagen, in denen vielleicht noch Menschen wohnen, die vielleicht aber auch nur von der trockenen Wüstenluft konserviert wurden. Diese Zivilisationsreste sind Überbleibsel einer Zeit, in der Autos noch keine Klimaanlage hatten, Briefe handgeschrieben waren und lange Zeit von einem Ort zum anderen brauchten. Es ist eine

Landschaft, in der man nach jeder Kurve schlucken muss, so atemberaubend sind die Ausblicke, so fremd und schön die Gegend. Und doch gibt es jemanden, der in all dieser Schönheit über einen Telefonmasten jubelt, wie ein Siedler im Planwagen vor 150 Jahren am gleichen Ort über eine Wasserquelle gejubelt hätte. Endlich gibt es wieder eine Verbindung zum Rest der Welt, zum vertrauten Teil, zu den Freunden, Geschäftskollegen, Bekannten.

Leicht beleidigt sitze ich daneben, steige aus dem Wagen, trinke eine kleine Flasche Wasser, dann noch eine. Es ist heiß und ich fühle mich vernachlässigt und mir ist es gegenüber der Aussicht fast peinlich, dass jemand den Bildschirm seines iPhones den bizarren Felsformationen vorzieht. Gleichzeitig aber juckt es mich in den Fingern und ich muss zugeben: Ich hätte jetzt auch gerne so ein Gerät in der Hand. Etwas, das mich mit meinen E-Mails verbindet, mich einen Gruß nach Hause senden lässt, das mir vielleicht etwas über die Gegend hier verrät, was ich aus der Aussicht nicht lesen kann. Oder das einfach etwas tut, mit dem es mich ablenkt. Ich möchte mich in den Datenstrom einklinken und stelle fest: Wir sind gemeinsam unterwegs, aber jeder in einer anderen Welt.

Noch vor fünf Jahren wäre diese Szene schwer vorstellbar, vor 20 Jahren wäre sie Science-Fiction gewesen. Das Internet hat unser Leben verändert und wird es weiter verändern. Das sagt sich schnell. Dabei ist es nicht das Internet, sondern sind es neue Dienste, Techniken, die uns verbinden und unser Leben schneller und globaler verändern als je eine andere Technik zuvor. Sie machen jeden fast überall erreichbar – zumindest, solange er sich in den entwickelten Ländern aufhält, in denen die entsprechende Netzanbindung vorhanden ist. Die neuen Dienste und Techniken verändern unsere Kommunikation, unsere Selbstwahrnehmung, unser tägliches Leben und damit unser Denken. Sie bringen uns näher zusammen, machen uns aber auch einsamer. Sie geben uns das Gefühl, unser Leben mit anderen zu teilen, wenn wir allein vor dem Bildschirm sitzen, aber sie bringen uns diese Freunde nicht ins Haus. Dabei sein, auch wenn man nicht dabei ist, Ablenkung, Zerstreuung, die Suche nach Neuem: Unsere Möglichkeiten, sich in der Welt zu bewegen, verändern sich. Die Welt besteht nicht mehr nur aus dem, was wir sehen, hören und spüren, sondern auch aus dem großen Rauschen von Elektronen, in denen Datenströme in Sekundenschnelle von einem Ende der Welt zum anderen fließen. Die so genannte virtuelle Welt ist zu einem festen Bestandteil dessen geworden, was wir noch oft «das Echte» nennen. Doch das virtuelle Leben ist für viele Menschen inzwischen genauso echt wie das echte. Es gibt keine Unterscheidung mehr. Das beeinflusst unser Denken, unser Fühlen. Denn wir können an allen möglichen Orten gleichzeitig sein. Wir sind im Urlaub und doch im Büro, sitzen am Arbeitsplatz und pflegen unsere Facebook-Freundschaften. Alles passiert gleichzeitig, alles strömt mit der gleichen Wichtigkeit und Intensität auf uns ein. Und es wird immer schwieriger, diese Datenmengen zu bearbeiten.

Schon jetzt wird in zwei Tagen mehr Information erzeugt als zwischen dem Beginn der Zivilisation und 2003: fünf Exabytes, eine Zahl, die sich für uns nicht mehr nachvollziehen lässt. Die Informations- und damit Datenmenge wird weiter wachsen. Gleichzeitig wird es für uns immer schwieriger werden, die wirklich sinnvollen und wichtigen Dinge aus diesem Strom zu filtern und durch die Kommunikationsströme zu navigieren – und das, obwohl es immer neue Dienste, neue Geräte gibt, die versprechen, die Kommunikation in Bahnen zu lenken und zu bündeln. Facebook und Twitter zum Beispiel. Doch anstatt es für uns einfacher zu machen, erzeugen sie nur wieder neue Datenfluten.

Jedes Jahr kommen neue technische Geräte auf den Markt, die uns mit anderen verbinden und durch die wir auch unterwegs ständig erreichbar sind. Immer neue Dienste sollen von uns genutzt werden, wir sollen unsere Zeit dort verbringen, noch mehr Daten, noch mehr Rauschen, immer schneller. Ohne eine Chance, jemals all das verarbeiten zu können, was minütlich auf uns einströmt. Unser Leben hat sich so grundlegend verändert, dass wir uns gar nicht vorstellen können, wie es einmal war, damals, ohne Internet. Allein das zeigt, wie sehr wir uns bereits verändert haben. Und das in wenig mehr als zehn Jahren, denn viel länger sind die meisten von uns noch nicht online.

Es sind Dienste wie Google, Facebook und vielleicht auch Twitter, die das Internet erst richtig nutzbar machen und uns die mit ihm verbundenen Möglichkeiten eröffnen. Es sind Firmen wie Apple, die uns die Technik liefern, um auch unterwegs nur einen Klick von den besten Freunden entfernt zu sein. Diese Konzerne stehen exemplarisch für den Wandel der Kommunikation und den Wandel im Umgang mit Kulturgütern. So einfach alles wird, so leicht wir kommunizieren können, neue Musik hören, Bücher herunterladen, Filme im Netz schauen können: Über allem stehen Firmen, die damit ihr Geld verdienen wollen. Sie führen einen Machtkampf darum, wie wir künftig im Netz unterwegs sein werden. Sie verändern die Struktur des Netzes an sich und schaffen eigene Plattformen, geschlossene Systeme, in denen wir uns bewegen. Sie kontrollieren dadurch nicht nur Werbemärkte, sondern auch die Inhalte, die über ihre Plattformen verbreitet werden. Das freie Internet war schon immer eine Illusion. Wenn es nach den das Netz bestimmenden Firmen geht, wird es noch viel weniger frei werden. Es wird in abgeschlossene Räume unterteilt werden, in denen Unternehmen über die Inhalte bestimmen. Das Netz der Freiheit entwickelt sich zu einem Netz der Plattformen. Im Umgang mit unseren Daten allerdings wird sich eine immer größere Freiheit herausgenommen. Sie werden gesammelt, verglichen, analysiert. Sie werden in Profile gepresst, mit anderen Daten verglichen, aus ihnen werden Bewegungsmuster erstellt, Vorlieben abgeleitet, Freundeskreise erfasst. Unser Umgang mit Daten ändert sich, sagt Facebook-Gründer Mark Zuckerberg, wir werden immer mehr öffentlich machen wollen. Seine Firma ist ganz vorn dabei, diese Prophezeiung Wirklichkeit werden zu lassen. Google-Chef Eric Schmidt verkündet offen, alle unsere Daten haben zu wollen. Das Dilemma: Je mehr Daten diese Dienste haben, desto besser funktionieren sie. Doch je mehr Daten sie haben, desto durchsichtiger werden wir.

Dieses Buch möchte die Entwicklung weder verdammen noch bejubeln. Die Entwicklung neuer Techniken ist so weit fortgeschritten und so sehr im Alltag vieler Menschen angekommen, dass sich die Zeit nicht mehr zurückdrehen lässt. Dennoch kann man immer mehr feststellen, dass die Technik zwar fortgeschritten ist, der durchschnittliche Nutzer aber nicht. Mit großen Rechenzentren, der Verknüpfung persönlicher Daten, der Erfassung von Raum und Wissen sind Google oder Facebook in ihrem Tun unserem Verstehen weit voraus, vielleicht auch dem Verstehen ihrer Erfinder. Die Folgen der Technik, die Risiken und auch der Nutzen, lassen sich noch längst nicht abschätzen. Es gibt unterschiedliche Meinungen dazu, sie reichen von der Angst, dass sich unser Gehirn so verändert, dass es seine Fähigkeit zur Konzentration verliert, bis zu der Hoffnung, eine künstliche Intelligenz zu finden, die uns große Teile des Lebens sehr viel angenehmer macht.

Mit Erfindungen wie dem iPhone, dem iPad oder Handys, die mit Googles Betriebssystem Android funktionieren, stehen wir an einer neuen Schwelle: Das Internet wird mobil. Was bis vor Kurzem noch Privileg der Trendsetter war, ist auf einmal Realität. Fallende Gerätepreise und günstige Telefontarife tun ihr Übriges. Das Internet befindet sich jetzt in unserer Hosentasche – und nimmt dadurch noch mehr Einfluss auf unser Leben. Die Hersteller aber können die Geräte kontrollieren, das schränkt unsere Freiheit weiter ein.

Und an der nächsten Entwicklungsstufe wird bereits gebaut: Cloud Computing heißt diese nebulös. Faktisch bedeutet das, dass in nicht allzu ferner Zukunft keine Rechner mehr in den Wohnungen und Büros stehen sollen, sondern Terminals, mit denen wir uns in Großrechner einwählen, auf denen unsere Daten liegen: Dokumente, Fotos, Musik, Filme. Von jedem Ort der Welt, von jedem Gerät aus haben wir Zugriff darauf. Gleichzeitig geben wir dann noch viel mehr unserer Daten aus der Hand, vertrauen sie Firmen an, bei denen wir schon heute genug Gründe haben, misstrauisch zu sein.

Wenn dieses Buch Google, Facebook, Twitter und Apple in den Vordergrund stellt, so hat das einen einfachen Grund: Es ist unmöglich, alle aktuellen Entwicklungen im Netz darzustellen. Diese Firmen aber stehen aufgrund ihrer Bedeutung im Markt stellvertretend für die neuen Entwicklungen. Es sind die Firmen, die, bis auf die Ausnahme Twitter, seit Längerem stabile Nutzerzahlen vorzuweisen haben. Firmen, die das Suchen, die Bildung sozialer

Netzwerke, die Verbreitung von Nachrichten und den Konsum von Kultur revolutioniert haben – auch wenn es andere Firmen gibt, die das bereits vorher getan haben oder es vielleicht auch besser machen, aber nicht so erfolgreich sind.

Dieses Buch kann nur eine Momentaufnahme sein, denn das Netz bewegt sich, verändert sich schneller und unberechenbarer als alle Medien zuvor. Wer hätte vor fünf Jahren eine Firma namens Facebook gekannt, geschweige denn prophezeien können, dass sie heute eine halbe Milliarde Nutzer hat? Wer hätte 1998 geglaubt, dass die gerade gegründete Firma Google nur zwölf Jahre später eine der größten Mächte im Internet ist? Schon in fünf Jahren kann eine andere Firma erfolgreicher sein als all die genannten zusammen. Mit einer Idee, die wir noch nicht kennen, programmiert in einem Schlafzimmer in Palo Alto, Bangalore oder Shanghai. Und wir sollten keine Angst vor ihnen haben, sondern die Technik interessiert anschauen, das benutzen, was wir für sinnvoll halten und den Firmen sorgsam auf die Finger schauen. Denn für alle Firmen gilt eben auch: Sie machen das, was sie machen, um Geld zu verdienen und nicht, um uns eine Freude zu bereiten.

«Die Menschheit ist noch nicht bereit für die technologische Revolution», stellt Google-Chef Eric Schmidt fest. Und er hat recht damit. Wir können nicht abschätzen, welche Folgen die momentanen Entwicklungen haben, beziehungsweise was die Nutzung des Internets aus uns macht. Wir wissen nicht, welchen Einfluss all dies auf so wichtige Dinge wie Datenschutz, Privatsphäre oder einfach nur das Verlangen, sich zurückzuziehen, haben wird.

Es sind Firmen wie Google oder Facebook, die technisch Machbares und messbare Effizienz für die erstrebenswertesten Ziele der Menschheit halten. Die ignorieren, dass Menschsein mehr ist als ein Programmcode, dass sich menschliche Beziehungen nicht in Zahlen abbilden lassen. Wir sind noch nicht bereit für die technologische Revolution – aber wir sollten uns bereit machen. Denn wir laufen Gefahr, wichtige Teile unseres Lebens an Firmen abzugeben, die kein Verständnis dafür haben, dass zum Menschsein auch Fehler, Zufälle und Gefühle gehören.

Die Akteure im Netz

Google: die Speicherung der Welt

Gut, böse, omnipräsent: Google ist der wichtigste Internetkonzern der letzten zehn Jahre. Google hat wie kein anderes Unternehmen unser Leben gespeichert, vermessen und verändert. Wer im Internet sucht, der googelt, so steht es inzwischen sogar im Duden. Wer einen Ort, eine Adresse sucht, der schaut bei Google Maps oder Google Earth nach, wer ein kostenloses E-Mail-Konto anlegt, macht das bei Google, wer ein Video im Internet sehen möchte, ist bei der Google-Tochter YouTube richtig.

Google ist Suchmaschine, Fernsehsender, Weltatlas, Bank, Telefonunternehmen, E-Mail-Service, Datensammler, Anzeigenverkäufer, Bibliothek, Office-Programm, Fotobearbeiter. Google ist Tor zum Internet, Vermittler, Verwaltungszentrale, Machthaber. Google steht für Informationsfreiheit und Datensammlung, Google schickt sich an, das Wissen der Welt zu sammeln – und auch zu monopolisieren. Google ist so groß, weil das Internet so groß ist, und Google hat dabei geholfen, das Internet groß zu machen.

800 Millionen Host-Server stehen im Internet: So viel zählt das Internet Systems Consortium (ISC) Mitte 2010. Das sind 800 Millionen Computer, auf denen Teile des World Wide Webs lagern, 800 Millionen Computer, auf denen mindestens eine, meistens aber viel mehr Internetseiten liegen. Wie viele es insgesamt sind, kann niemand sagen, nicht einmal Google. Doch zumindest kennt Google schon 2008 eine Billion Seiten, es werden aber viel mehr sein. Auf all diesen Seiten können Informationen stehen, die uns interessieren – wir müssen sie nur finden.

Das ist nur mit einer guten Suchmaschine möglich. Sie muss den Inhalt möglichst vieler dieser Seiten kennen, sich auf unsere Stichwörter hin an sie erinnern und uns dann schnell eine Antwort geben. Und zwar am besten genau die Antwort, die uns hilft. Wenn wir zum Beispiel nach Rezepten suchen, wollen wir nicht zu einem Text geführt werden, in dem das Wort «Rezept» vorkommt, sondern ein Rezept finden. Genau dieser Punkt übrigens ist es, der Suchmaschinen immer noch Probleme bereitet, an denen man gute von schlechten Suchmaschinen unterscheiden kann. «Eine gute Suchmaschine», so sagt Google-Chef Eric Schmidt, «muss im Grunde die Gedanken der Nutzer lesen können.»

Das Wachstum des Internets geht daher Hand in Hand mit der Entwicklung von Suchmaschinen. Nur sie können uns die Schätze zeigen, die wir suchen, nur sie machen Seiten zugänglich, von denen wir nichts ahnen. Nur wegen ihnen gibt es überhaupt Menschen, die Seiten erstellen. Denn wer im Internet veröffentlicht, will auch gelesen werden.

Zu Beginn des Internetzeitalters ist das noch schwierig. Denn da verbindet das Netz nur Computer, die in verschiedenen Forschungsinstituten stehen, in militärischen Einrichtungen oder an

Universitäten. Außenstehende haben kaum Zugriff auf sie. Das Internet dient vor allem dem Austausch von Forschungsergebnissen, der Übermittlung von Dateien, Auswertungen und vielleicht noch kleinen Programmen. Es ist wahnsinnig teuer sowohl in der Benutzung als auch in der Anschaffung der erforderlichen Ausrüstung. Fast niemand kann sich die Computer leisten, die man braucht, um überhaupt darauf zugreifen zu können. Das ändert sich erst Anfang der 1990er Jahre. Computer werden kleiner und billiger und damit auch für Privatpersonen interessant. Endlich kann man sich ein kleines Gerät mit einem Bildschirm ins Arbeitszimmer stellen. Der berühmte «Apple II»-Computer wird Statussymbol und Designobjekt. Langsam entsteht eine Infrastruktur in Privathaushalten, Computer werden Alltagsgegenstände. Was jetzt noch fehlt, ist ein Zugang zum Internet, der leicht zu bedienen ist und der es möglich macht, die Inhalte des Netzes leicht zu finden und zu lesen.

Die Erfindung, die das möglich macht, heißt World Wide Web und wird am 6. August 1991 zur Benutzung freigegeben. Das Web, wie wir es oft abkürzen, ist eine grafische Oberfläche für das Internet. Wo vorher nur Verzeichnisse und Dateinamen zu sehen waren, zeigt das Web jetzt Seiten an, die wir lesen können, von denen aus wir mit so genannten Links andere Seiten finden sowie Dateien, Programme und Bilder. Das World Wide Web macht das Internet für jeden nutzbar. Deshalb sind die Begriffe heute auch verschmolzen. Das World Wide Web ist eigentlich Teil des Internets, aber nur noch Experten bestehen darauf, die Begriffe getrennt zu halten, für die meisten sind Internet, WWW und World Wide Web Synonyme. Der Teil des Internets, den wir fast ausschließlich nutzen, ist das World Wide Web.

Das World Wide Web wird zwischen 1989 und 1991 am schweizerischen CERN-Institut von dem britischen Informatiker Tim Berners-Lee entwickelt. Es ist aus Seiten aufgebaut, wie wir sie heute auch kennen, und dient vor allem dem Zweck, wissenschaftliche Texte miteinander zu verknüpfen und Verweise von einem Dokument auf ein anderes zu ermöglichen. Inhaltlich betrachtet besteht es aus Text, der gelesen werden kann, und Links, die angeklickt werden können.

Damit man diese Seiten sehen kann, braucht man ein Programm, das die Informationen aus dem WWW anzeigt. Diese Programmart wird man später Browser nennen, abgeleitet von dem englischen Wort to browse, was das schnelle Durchblättern von Zeitungen am Kiosk bezeichnet. Es ist ein Wort, das viel über die Art und Weise aussagt, mit der wir auch heute noch im Internet lesen: schnell und oberflächlich. Das erste erfolgreiche dieser Programme nennt sich «Mosaic X» und wird 1993 veröffentlicht. Kurze Zeit später wird es in «Netscape» umbenannt und verhilft dem World Wide Web zu einem ersten größeren Publikumsansturm. Auch heute noch sind Browser die wichtigsten Programme im Internet. Ohne sie sieht man nichts. Kein Wunder, dass nicht nur Anbieter von Betriebssystemen wie Microsoft oder Apple sie anbieten, sondern auch Google einen eigenen Browser entwickelt hat: Mit dem Programm kann man den Zugang zum Internet beeinflussen, man hält sozusagen den Schlüssel in der Hand.

Zudem sind Browser im Regelfall so programmiert, dass sie auf verschiedenen Betriebssystemen laufen, die Inhalte des Netzes jedoch auf allen Rechnern gleich darstellen. Sie bieten damit Möglichkeiten, Anwendungen zu erstellen, die unabhängig von den jeweiligen Betriebssystemen sind. Deshalb setzt gerade Microsoft lange alles daran, seinen Browser durchzusetzen: Andere Browser könnten seinem wichtigsten Produkt, dem Windows-Betriebssystem, gefährlich werden.

Das World Wide Web wächst schneller, als sich sein Erfinder das jemals hätte vorstellen können. Doch es fehlt noch etwas, mit dem man nicht nur die Seiten sehen, sondern sie auch vernünftig sortieren und erforschen kann: eine Suchhilfe, am besten automatisiert, so dass sich niemand hinsetzen und eine Art Telefonbuch des WWW erstellen muss. Obwohl Bücher dieser Art noch Ende der 90er Jahre verkauft wurden und Zeitschriften monatliche Adresslisten beilagen.

Eine Suche muss verschiedene Bedingungen erfüllen: Sie muss präzise Ergebnisse liefern und uns diese in einer übersichtlichen Form anzeigen. Außerdem muss sie schnell erfolgen, denn wir sind ungeduldig. Der Computer beschleunigt unser Arbeiten, da wollen wir nicht von trivialen Tätigkeiten aufgehalten werden. Und die Suche ist eine der trivialsten Sachen, die man im Netz machen kann. Wer nicht auf einer Nachrichtenseite startet, tut das auf einer Suchseite. Die Gründe dafür liegen auf der Hand: Wir gehen ins Netz, um uns Informationen zu holen oder uns zu unterhalten. Preisvergleiche, Produktinformationen, neue Videos, Rezensionen von Büchern, neue CDs, Gesundheitstipps, Anleitungen zum Basteln, Hilfe bei Hausarbeiten: Mit einer guten Suchmaschine ist das alles nur einen Mausklick weit entfernt. Doch es wird einige Zeit dauern, bis es eine wirklich gute Suchmaschine gibt.

Am Anfang ist «Archie», der Name ist eine Abwandlung des englischen Wortes archive (Archiv). Archie wird 1990 von einer Gruppe kanadischer Studenten an der McGill-Universität in Montreal entwickelt. Ziel ist es, Daten im langsam wachsenden Internet zu finden. Das besteht zu diesem Zeitpunkt nur aus miteinander verknüpften Computern, die Dateien bereithalten. Das World Wide Web ist noch in der Entwicklung.

Archie funktioniert sehr simpel: Einmal im Monat fragt das Programm bei allen ihm bekannten Internetservern eine Liste der Dateien ab, die auf ihnen lagern, die Inhaltsverzeichnisse. Daraus stellt es eine eigene Liste zusammen, in der die Namen der Dateien und die Adresse des Servers verbunden sind. Wer jetzt also etwas sucht, kann es finden – zumindest dann, wenn der Dateiname bekannt ist. In den jeweiligen Dokumenten oder Dateien selbst kann Archie nicht suchen.

Es folgen andere Programme, die ähnlich wie Archie funktionieren, doch bald muss sich die Suche verändern. Sie muss schneller werden, präziser und sie muss vor allem in der Lage sein, die sprunghaft steigende Zahl von Internetseiten zu erfassen.

Mit der Erfindung des World Wide Web ändern sich die Programme. Sie besuchen jetzt verschiedene Computer, auf denen jeweils eine Art Telefonbuch des Internets von verschiedenen Tüftlern zusammengestellt wird. Das aber geht nur so lange gut, wie die Zahl der Seiten überschaubar ist. Und die wächst sehr schnell.

Liegt die Zahl der bekannten Seiten Mitte 1993 noch bei 123, so sind es Ende des Jahres schon 623 und ein halbes Jahr später bereits 2738. Die Suchprogramme müssen sich an die Verhältnisse anpassen: Sie durchsuchen automatisch die Seiten und legen Verzeichnisse an, in denen Stichworte, Namen und andere Merkmale der Seiten mit deren Adresse verknüpft sind. So können Nutzer leichter ihre Informationen finden. Was findige Geschäftsleute sehr bald merken: Man kann mit einer Suchmaschine Geld verdienen. Wenn man es gut macht.

Eine der ersten Firmen, die es gut macht, ist Lycos. 1994 aus einem Projekt an einer Universität im amerikanischen Pittsburgh entstanden, findet die junge Firma bald Geldgeber. Sie verfügt über zwei Millionen Dollar Startkapital und kann auch dadurch schnell wachsen. Doch noch ist Lycos nicht ganz klar, womit man eigentlich Geld verdienen will. Das Suchprogramm selbst möchte niemand kaufen. Also entwickelt Lycos ein Geschäftsmodell, das als Vorbild für alle weiteren Suchmaschinen gilt – auch für Google: Lycos verkauft Anzeigen auf der Suchseite. Das ist ein sicheres Geschäft für Anzeigenkunden: Sie können sicher sein, dass viele Menschen ihre Werbung sehen. Auch für Lycos geht die Rechnung auf: Die Firma legt den bis dahin schnellsten Börsengang der Geschichte hin und wächst bald zu einer der profitabelsten Firmen im Internet.

Im Jahr 1997 reservieren zwei Studenten an der kalifornischen Stanford-Universität für ihr Projekt eine Internetadresse: www.google.com. Was daraus einmal werden wird, ahnt zu dem Zeitpunkt niemand. Nicht einmal die Gründer Sergey M. Brin und Larry Page. Google, wie sie ihre Firma nennen, widmet sich erst einmal dem Ausbau der Technik, dem Bau einer Infrastruktur. Den Suchmarkt bestimmen andere Firmen und sie werden mit einer Entscheidung Google den Boden bereiten.

Viele der großen Suchfirmen wie Lycos oder Yahoo, das die Suchmaschine Altavista gekauft hat, setzen auf die Gründung von Webportalen. Jeder Internetprovider möchte dabei mitmischen, Portale sprießen wie Pilze aus dem Boden. Ich habe allein bei der

Erstellung von vier verschiedenen mitgearbeitet – in der gleichen Firma. Keines davon ist jemals online gegangen.

Das Ziel der Portale: Informationen zu bündeln und Menschen, die im Internet surfen, möglichst lange auf den eigenen Seiten zu halten. Die Firmen vertrauen dabei nicht mehr allein auf die Suchkraft der Maschinen, sondern setzen Redaktionen darauf an, interessante und wichtige Informationen zu sammeln und aufzubereiten. So will man erreichen, dass Menschen, die Informationen suchen, erst einmal auf dem Portal selbst bleiben. Je mehr Seiten besucht werden, desto mehr Anzeigen können verkauft werden. Und das ist das einzige Einkommen, das die meisten Firmen haben. Geld verdient man nur mit Anzeigen, die auf den Internetseiten geschaltet sind, sonst nicht.

Schon schnell gilt unter den Nutzern: Das Internet ist umsonst. Man zahlt lediglich für den Zugang, nicht für das Lesen der Seiten. Diese Einstellung ist bis heute verbreitet.

Ende des letzten Jahrtausends herrscht im Internet Goldgräberstimmung. Alles geht, alles kann und für jede noch so abstruse Idee findet sich ein Geldgeber. Die Portale sprießen aus dem Boden, jeder möchte dabei sein. Das Internet ist die goldene Zukunft, darin sind sich alle einig. Dass diese Zukunft allerdings doch nicht so schnell kommt, überrascht viele. Und so fallen auf einmal die Aktienkurse, große Unternehmensprojekte scheitern. Überleben kann nur, wer entweder viel Geld oder ein einträgliches Geschäftsmodell hat – und das sind fast ausschließlich die Suchmaschinen, denn sie verdienen wenigstens Geld mit Werbung. Aber auch von ihnen blieben nur wenige übrig. Die einzige Firma aus der ersten Höhephase des Internets, die bis heute Relevanz besitzt, ist Yahoo. Die Firma begann mit einem Webkatalog, kaufte aber bald die Suchmaschine Altavista und integrierte sie. Neben den Suchanfragen und der damit verbundenen Werbung bescheren heute die Portaldienste der Firma Profit: Wetterdienst, Aktienkurse oder Währungsrechner. In den USA hat Yahoo noch immer rund 40 Prozent Marktanteil bei den Suchanfragen, deutlich mehr als in Deutschland. Hier ist eine Firma Marktführer mit rund 90 Prozent: Google.

Google will anders sein als andere Suchmaschinen. Von Anfang an. Das primäre Ziel ist nicht, Geld zu verdienen. Zumindest heißt es so am Anfang. Google will die Nutzer ernst nehmen und sie möglichst schnell zu ihrem Ziel führen, zu den gewünschten Seiten, zu der Information, die sie suchen. Je schneller, je besser. Und das wollen Yahoo oder Lycos nicht. Sie wollen die Surfer auf ihren Seiten halten – nicht weitervermitteln. Mit jedem Nutzer, der von ihren Seiten verschwindet, verlieren sie Geld. Das wird Google bald anders machen, denn die Firma verkauft längst nicht mehr nur auf den eigenen Seiten Anzeigen, sondern beliefert inzwischen viele so genannte Partnerseiten. Sie profitiert also auch dann, wenn Nutzer sich gar nicht auf den Google-Seiten aufhalten.

Sergey Brin und Larry Page, die Erfinder von Google, werden beide 1973 geboren. Doch die Lebensläufe könnten kaum unterschiedlicher sein. Brins Heimatstadt ist Moskau, er lebt dort bis 1979 mit seinen Eltern. Dann bekommen diese endlich die Erlaubnis, aus der damaligen Sowjetunion auszureisen. Grund für den Ausreiseantrag ist die jüdische Herkunft von Brins Vater. Obwohl die Sowjetunion offiziell nicht diskriminiert, weiß er, dass er auf seiner akademischen Laufbahn hier nicht so weit kommen wird, wie es ihm in anderen Ländern möglich wäre. Die Familie siedelt in die USA über, in den Bundesstaat Maryland nahe bei Washington. Dort ist Brins Vater heute Mathematik-Professor an der Universität von Maryland, seine Mutter forscht bei der amerikanischen Weltraumbehörde NASA. Sergey Brins Elternhaus bietet also beste Voraussetzungen für ihn, um später einmal selbst in der Wissenschaft zu arbeiten. Nach Abschluss der High School geht er nach Stanford, dem Mekka angehender Informatiker.

Page dagegen stammt aus East Lansing in Michigan, rund anderthalb Autostunden von Detroit entfernt im Norden der USA gelegen. Wie Brin stammt auch Page aus einer Familie von Akademikern, beide Eltern waren Professoren. Sein Vater hatte bis zu seinem Tod 1996 eine Professur für Computerwissenschaft an der Universität von Michigan. «Unser Haus war im Regelfall ein großes Durcheinander, in dem überall Ausgaben von ‹Popular Science› lagen», einer Fachzeitschrift, die der junge Page studiert. Eine seiner frühen Großtaten ist der Bau eines Laserdruckers aus Lego-Steinen, wie er immer wieder erzählen wird.

Larry Page und Sergey Brin treffen sich an der Stanford-Universität, etwas südlich von San Francisco gelegen. Da, wo die Nebel und das Nieselwetter der Stadt am Golden Gate nur selten hingelangen und die Sonne scheint. Da, wo das Herz des Silicon Valley schlägt, wo so viele Computer-Erfindungen und Internetprojekte ihren Anfang nahmen und die dafür verantwortlichen Firmen noch heute ihren Sitz haben: Apple, Sun, Intel und jetzt Facebook und Google.

«Wir waren unerträglich», sagt Brin über die Zeit, in der er Page kennenlernte. Das war 1995, Page studiert bereits in Stanford, Brin überlegt, dort anzufangen. Die beiden streiten über jedes Thema, das sie anschneiden, bis sie genug davon haben und zu dem werden, was Brin «intellektuelle Seelenverwandte» nennt.

Wahrscheinlich gab es keinen besseren Ort als Stanford, um diese Seelenverwandtschaft zu entwickeln.

Stanford ist eine der berühmten Eliteuniversitäten der USA und das sieht man dem Campus an: Er ist riesig, einzelne kleinere und über das Gelände verteilte Gebäude beherbergen Lehre und Forschung. Sie sind durch schattige Wege unter riesigen Palmen miteinander verbunden, eigene Buslinien verkehren auf dem Campus. Stanford gibt den Studenten Ruhe und Zeit, Projekte zu durchzuführen. Gleichzeitig werfen die Professoren ein wachsames Auge auf die Ideen und raten ihren Studenten schon einmal, das Studium zu unterbrechen und mit ihrer Idee eine Firma aufzubauen. Wie Professor Terry Winograd: Der empfiehlt Page und Brin, dass sie den Campus verlassen und eine Firma gründen sollen. Das sollte sich auch für Winograd lohnen, der heute noch als Berater für Google tätig ist.

Die Idee, die die beiden haben, heißt ursprünglich BackRub, was man mit Rückenmassage übersetzen kann. Die Ursprünge des Namens liegen im Dunkeln. Es ist eine Suchmaschine, ein Projekt, ursprünglich von Page initiiert, doch auch Brin ist stark an der Entstehung beteiligt. 1996 startet Page mit der Arbeit, kurz nachdem sein Vater im Alter von 58 Jahren gestorben war. BackRub ist seine Art, den Tod zu verarbeiten oder ihn mit Arbeit zu verdrängen.

BackRub läuft auf den Rechnern der Universität und bringt das interne Netz an seine Grenzen, bis Page und Brin von der Verwaltung aufgefordert werden, sich eigene Server zu suchen. Bevor sie das tun, geben sie der Suchmaschine einen neuen Namen, aus BackRub wird Google, ein Spiel mit dem Wort Googol. Das ist die Bezeichnung für eine Zahl, eine 1 mit 100 Nullen. Erfunden hat den Begriff der neunjährige Neffe des Mathematikers Edward Kasner. Und so spielerisch diese Zahl entstanden ist, so spielerisch stellen Page und Brin einfach den Namen um und deuten so an, dass sie ein riesiges Archiv erschaffen wollen, in dem sie sehr viele Seiten unterbringen werden. Am 15. September 1997 wird die Domain www.google.com registriert.

Nachdem die beiden Stanford verlassen haben, mieten sie eine Garage in Menlo Park, unweit von Stanford gelegen. Die Vermieterin heißt Susan Wojcicki und wird nicht nur von den 1700 Dollar profitieren, die sie pro Monat von Brin und Page als Miete bekommt. Sie wird auch eine der ersten Mitarbeiterinnen von Google und ist heute für das Produktmanagement zuständig, hat damit einen der höchsten Posten der Firma inne. Brin wird später ihre Schwester Anne heiraten.

Doch zunächst folgt eine klassische Silicon-Valley-Geschichte. Google findet Mitte 1998 einen Investor, noch bevor die Firma offiziell registriert ist. Ende des Jahres landet die Suchmaschine bereits in den Hitlisten der Computerzeitschriften weit oben. Google verspricht nicht nur, ihren Benutzern die Ergebnisse zu liefern, die sie suchen, sie hält dieses Versprechen auch. Noch dazu präsentiert sie sich in einem schlichten Design, das sich bis auf wenige Details bis heute nicht verändert hat: das Firmenlogo, ein Eingabefeld für die Suchbegriffe und ein Suchknopf. Mehr braucht es nicht, um erfolgreich zu sein. Erst einmal.

Dabei unterscheidet sich das Grundprinzip von Google nicht von dem anderer Suchmaschinen. Grob vereinfacht heißt das: Google durchsucht einen großen Index. Ein Verzeichnis, in dem die Adressen sämtlicher Seiten gelagert werden, die bereits von der Suchmaschine gesichtet worden sind. Diese werden nach Stichworten sortiert. In diesem Verzeichnis schaut die Suchmaschine nach, wenn ein Benutzer etwas sucht. Denn natürlich kann eine Suchmaschine nicht bei jeder Anfrage das Netz von Neuem durchsuchen. Das würde immense Rechenkapazität erfordern und Ewigkeiten dauern.

So senden die Suchmaschinen ein Programm aus, einen so genannten Crawler, was mit Raupe übersetzt werden kann. Wie eine gefräßige Raupe frisst es sich durch das Netz, folgt den Links und grast so nach und nach jede Verästelung ab, um aus den gefundenen Seiten den Suchindex zu bilden. Immer mehr Seiten werden aufgenommen, der Index wird immer größer und damit wächst auch die Masse der zur Verfügung stehenden Information. Doch das Netz ist nicht statisch, sondern verändert sich ständig. Deshalb müssen bereits aufgenommene Seiten wieder und wieder besucht werden, damit Änderungen in den Index aufgenommen werden können. Wie häufig das geschieht, ist von Seite zu Seite unterschiedlich. Man kann aber davon ausgehen, dass Seiten, die sich häufiger ändern, öfter besucht werden, als solche, auf denen es seltener Änderungen gibt. Ein Algorithmus erstellt die entsprechenden Statistiken und schickt dann den Crawler auf den Weg.

Große Nachrichtenportale fragt Google auch schon mal alle 30 Sekunden ab. Qualitätsmerkmal für eine Suchmaschine ist schließlich nicht nur die Größe des Index, sondern auch ihre Aktualität.

Lange Zeit haben Suchmaschinen einen sehr großen Nachteil: Die Suchergebnisse sind nicht sortiert, werden nach nicht nachvollziehbaren Kriterien angezeigt. Keine Suchmaschine findet eine überzeugende Methode, um Wichtiges von Unwichtigem zu trennen. Der Suchende muss sich entweder durch Berge irrelevanter

Seiten klicken oder versuchen, schlauer zu sein als die Suchmaschine. Im Zweifelsfall heißt das, dass er die Suche neu beginnen muss, neue Suchbegriffe testen und hoffen, dass der neue Versuch zielführender ist als der alte. Das ist für die Benutzer frustrierend, den Betreibern der Suchmaschinen konnte es erst einmal egal sein, denn schließlich bringt ihnen jeder Besuch auf ihren Seiten Geld: Die Anzeigenkunden zahlen, die Suchergebnisse müssen also nicht allzu treffend sein.

Lange Zeit geht das gut. So lange, bis jemand eine bessere und effizientere Möglichkeit findet, die Suchergebnisse anzuzeigen. Und das ist Google.

Die Firma erkennt den Schwachpunkt bis dahin gebräuchlicher Suchmaschinen und will es besser machen. Sie will, dass die Nutzer mit möglichst wenig Klicks genau dort landen, wohin sie wollen. Je länger die Suche dauert, desto frustrierender wird sie, desto schneller wird sie aufgegeben. Page und Brin wollen die Suche abkürzen und machen sich dafür die Struktur des Internets zunutze. Dort ist jede Seite mit einer anderen über Links verbunden. Je mehr Seiten jetzt auf eine andere verweisen, desto wichtiger muss die Seite sein, auf die verwiesen wird. Und desto eher sollte sie der Suchende finden, weshalb sie in der Reihe der Suchergebnisse ganz vorne angezeigt wird. Sie nennen dieses System PageRank, Seitenrang, eine Kombination aus dem Namen von Larry Page und den englischen Begriffen für Seite (Page) und Rang (Rank).

PageRank macht Google einzigartig, erfordert aber eine gewaltige Rechenleistung. Schließlich reicht es nicht mehr, nur die Adressen einzelner Seiten und Stichwörter zu speichern. Vielmehr muss für dieses System eine Karte des Netzes auf den Servern von Google angelegt werden. Die Verknüpfungen zwischen einzelnen Seiten müssen festgehalten werden, Veränderungen möglichst schnell in den Suchindex aufgenommen werden. Und: Es muss eine möglichst große Anzahl von Seiten schnellstmöglich durchsucht und in den Index aufgenommen werden. Je größer dieser Index, desto umfassender lassen sich die Beziehungen zwischen den Seiten untersuchen und desto genauer werden die Suchergebnisse. Inzwischen sind es deutlich mehr Kriterien, nach denen Google die Seiten bewertet, die Beziehungen der Seiten untereinander aber ist immer noch eins der wichtigsten.

Auch in einem anderen Punkt unterscheidet sich Google von den bekannten Suchmaschinen. Versuchen diese, jeden freien Platz auf der Seite mit Werbung zu füllen und teils sogar Werbung in den Suchergebnissen unterzubringen, so präsentiert sich Google puritanisch: Oben das Unternehmenslogo in freundlichen Farben, darunter das Eingabefeld für Suchbegriffe und ein Startknopf. Mehr nicht. Und so sieht die Seite noch heute aus, obwohl sich hier wahrscheinlich riesige Gewinne erzielen lassen müssten. Doch Google reicht das, was sie mit Anzeigen auf den anderen Seiten einnehmen: 4,6 Milliarden Euro beträgt der Gewinn der Firma allein im Jahr 2009, mehr als 90 Prozent davon werden durch Anzeigen erzielt.

Wahrscheinlich wäre Google nicht die Firma, die sie heute ist, wenn es nicht Eric Schmidt gäbe. Schmidt ist seit 2001 der dritte Mann in der Leitung von Google und der, der aus dem Garagen-Start-up eine richtige Firma machen wird. Er ist fast 20 Jahre älter als Brin und Page und übernimmt das Alltagsgeschäft, er sorgt für eine Struktur in der Firma und lässt den beiden Gründern die Freiheiten, die sie für die technische Entwicklung von Google brauchen. Er wird zum Sprachrohr von Google. 2008 arbeitet er sogar im Beratungsteam von Barack Obama, als dieser zur Präsidentschaftswahl antritt. Schmidt war vorher bei Sun Microsystems und

Novell tätig, zwei großen Firmen der Computergeschichte, und bringt die notwendige Professionalität in eine Firma, die gerade aus einer Garage ausgezogen ist, deren Mitarbeiterzahl explodiert, 2010 werden es rund 20 000 sein.

Eine andere wichtige Person in der Entwicklung von Google ist Sheryl Sandberg. Eine Harvard-Absolventin, die lange unter Bill Clinton im Finanzministerium gearbeitet hat und nach dem Ende von Clintons Präsidentschaft in die Wirtschaft wechseln will. Sie geht zu Google und baut dort das Anzeigengeschäft auf. Besser gesagt: Sie ermittelt zunächst einmal, in was für einem Geschäftsfeld Google sich eigentlich befindet, und überzeugt dann die Gründer, dass Google eigentlich ein Anzeigenverkäufer ist, keine Suchmaschine. Für Page und Brin ist das eine überraschende Erkenntnis, für viele Menschen ist sie das noch heute. Doch alles, was Google seit dem Einstieg von Sandberg unternommen hat, unterstreicht diese Entscheidung. Die Firma schafft Umfelder, in denen sie Werbung verkaufen kann.

Dabei sind Anzeigen in den Anfangstagen von Google nicht gern gesehen. Sie lenken vom eigentlichen Ziel eines Besuchs bei Google ab: der schnellen Suche. Anzeigen werden aber bald vom notwendigen zum gewinnbringenden Übel. Und Gewinn braucht die Firma – oder zumindest eine Perspektive, wie dieser Gewinn eines Tages erzielt werden soll. Denn der stetige Bedarf an neuen Rechnern, welche die Suchergebnisse verwalten, die wachsende Mitarbeiterzahl und die damit verbundenen Investitionen zwingen Page und Brin zu einem Kurswechsel. Sie lassen Anzeigen auf den Google-Seiten zu, unter ihren Bedingungen. Die Werbung darf nicht vom Kern der Sache ablenken. Die im Internet üblichen flackernden Banner sind verboten, erlaubt sind nur Textanzeigen. Die sind ungefähr so hübsch wie Kleinanzeigen in

Umsonst-Blättern: nämlich gar nicht. Aber sie erfüllen ihren Zweck.

Angezeigt werden sie auf Basis eines AdWords genannten Programms, in dem Kunden Anzeigenplätze kaufen können. Sie werden angezeigt, wenn Nutzer nach bestimmten Suchwörtern forschen.

Eine Überschrift, zwei Zeilen Text und ein Link: Das ist die übliche Größe einer Google-Anzeige, lieblos an die rechte Seite verbannt, später dann auch über den eigentlichen Suchergebnissen zugelassen, doch immer schlicht und nicht nach Aufmerksamkeit schreiend. Ganz anders als die Werbung, die man sonst im Internet sieht, die mit blinkenden Bildern, Filmen oder gar Ton auf sich aufmerksam macht. Vielleicht ist auch das ein Grund für den Erfolg der Google-Anzeigen: Sie werden nicht sofort von Werbeblockern von den Computern der Nutzer verbannt, denn sie nerven nicht – und sind zudem manchmal sogar interessant.

Die Werbekunden sind zufrieden. Sie bekommen viele Besucher durch Google – und zahlen nur für diese, denn anders als bei vielen anderen Werbevermarktern bekommt Google nur bei einem Erfolg der Anzeige Geld. Wenn also tatsächlich ein Interessent auf der Google-Seite auf den Link klickt. Das geschieht bei Google häufiger als bei anderen Angeboten. Das liegt vor allem daran, dass Google die Anzeigen auf den Suchenden abstimmt – und zwar nicht nur auf das, was er in das Feld eingibt. Denn Google sammelt Daten über seine Nutzer und legt dabei ein Profil an, auf das es bei der nächsten Suchanfrage zurückgreift – und so die Werbung noch viel gezielter schalten kann.

«Das Ziel von Google besteht darin, die auf der Welt vorhandenen Informationen zu organisieren und allgemein zugänglich und nutzbar zu machen.» So wird auf der Google-Webseite das Ziel des Unternehmens ausgegeben. Was das heißt, wird in den folgenden Jahren deutlich: Google geht es nicht nur darum, die beste Suchmaschine zu bauen, die einzig relevante. Google sammelt auch auf anderen Feldern Informationen – und das mit Methoden, die nicht immer dem inoffiziellen Firmenmotto entsprechen, das lautet: «Don't be evil», sei nicht böse.

Zumindest den eigenen Mitarbeitern gegenüber wird dieses Motto aber eingehalten. Auf dem Google-Campus in Mountain View, nicht weit von Stanford am Südende der San Francisco Bay gelegen, gibt es Fitnessstudios, Massagen und eine Küche, die lange von Charlie Ayers, dem ehemaligen Koch der Hippie-Musiklegende Grateful Dead, betrieben wurde. «Gutes Essen für die schnelle Truppe», ist sein Wahlspruch.

20 Prozent ihrer Arbeitszeit können Google-Mitarbeiter zudem für eigene Projekte nutzen. Dabei, so hoffen Brin und Page, werden Produkte entstehen, die Google kommerziell nutzen kann. Das Google-News-Programm zum Beispiel wurde von Krishna Bharat in dieser Projektzeit entwickelt. Es entstand unter dem Eindruck der Anschläge auf das World Trade Center in New York am 11. September 2001. Der in Indien geborene Programmierer will mit Google News erreichen, dass die Nutzer ihren Horizont erweitern, verschiedene Meinungen zu einer Sache finden und sich eine eigene Meinung bilden.

Was Bharat nicht berücksichtigt: In Google News werden Nachrichten zusammengefasst und kopiert, die auf den Seiten regulärer Tageszeitungen erscheinen, sogar Meldungen von Nachrichtenagenturen werden veröffentlicht. Das ist praktisch für die Nutzer, die alle Meinungen übersichtlich präsentiert bekommen, aber schlecht für die ursprünglichen Nachrichtenlieferanten: Die verdienen nämlich in diesem Moment nicht mehr an ihrer Arbeit. Aber Google verdient daran, indem es Werbung neben die Nachrichten stellt. Deshalb kommt es schnell zu Gerichtsverfahren. Mit der Nachrichtenagentur AP einigt sich Google auf Lizenzgebühren, um die Inhalte legal nutzen zu können.

Den nächsten Affront gegen die Inhaber von Urheberrechten bereitet Larry Page selbst vor: Er nutzt die 20 Prozent seiner Arbeitszeit für ein weiteres Projekt: In seinem Büro arbeitet er an einem Scanner, der in kürzester Zeit und automatisiert Buchseiten einscannen und in Dateien übersetzen kann. Google Books wird geboren. Ein Projekt, das ebenso größenwahnsinnig wie sinnvoll klingt: Sämtliche Bücher der Welt sollen digitalisiert und öffentlich zugänglich gemacht werden. Google wird dafür später eine Kamera benutzen, die bis zu 1000 Buchseiten pro Stunde lesen kann – ohne das Buch dabei zu beschädigen. Das ist wichtig, denn die Firma arbeitet für das Projekt mit Bibliotheken zusammen. Anfangs sind es nur die großen Bibliotheken der amerikanischen Universitäten, inzwischen sind auch die Nationalbibliothek von Katalonien und die Bayerische Staatsbibliothek Partner. 130 Millionen Bücher, so schätzt Google, gibt es auf der Welt. Zehn Millionen davon hat die Firma im Sommer 2010 schon eingescannt.

2004 stellt Google das Projekt erstmals der Öffentlichkeit vor – auf der Frankfurter Buchmesse. Und man muss es als Zeichen von Naivität, als Glauben an die gute Mission werten, dass sich Google nach der Präsentation wundert, dass es nicht von allen auf der Buchmesse Anwesenden gefeiert wird. Im Gegenteil: Noch bei der Erklärung des Projekts kann man den Mitarbeitern der Verlage förmlich ansehen, dass sie eine Klage vorbereiten. Schließlich geht Google gerade an ihre Geldbörse, speichert urheberrechtlich geschützte Werke – und das anscheinend ohne jegliches Unrechtsbewusstsein: Wenn eine Bibliothek ihnen die Bücher zum Scannen zur Verfügung stellt, sollte doch alles mit rechten Dingen zugehen. Geht es natürlich nicht. Amerikanische Verlage und Autorenverbände strengen Klagen an und einigen sich schließlich nach langen Verhandlungen außergerichtlich mit Google über Lizenzzahlungen.

Doch Verleger und Autoren sind nicht die einzigen Feinde, die sich Google macht. Es geht der Firma so, wie es vielen geht, die schnell wachsen, die den Reiz des Jungen und Frischen verlieren: Sie werden zu den Großen gezählt, denen gegenüber man skeptisch sein muss. So wie zuvor Microsoft, eine Firma, die sich mit ihrem Wachstum nicht nur zum Lieblingsfeind vieler Computernerds entwickelt hat, sondern auch Datenschützer und Kartellbeamte auf den Plan rief. Google tritt schnell in die Fußstapfen des Softwarekonzerns.

Google ist allerdings auch eine Firma, die genug Gründe für Skepsis liefert. Der schwerwiegendste: Google sammelt Daten über seine Benutzer. Und zwar viele Daten. So viele, dass Google inzwischen als der Inbegriff der Datenkrake gilt. Als Firma, die nicht nur das Wissen der Welt speichern, sondern auch die Daten der Bewohner der Welt möglichst umfassend sammeln möchte. Etwas, das Eric Schmidt auch unumwunden zugibt, wenn er sagt, dass die Benutzer von Google der Firma noch viel mehr Daten geben sollten. Nur so sei ein viel besserer Service möglich – oder ein noch genaueres Platzieren von Anzeigen, wie Kritiker meinen.

Dass Google überhaupt so viele Daten bekommen konnte, hängt nicht nur mit der Speicherung der Suchvorgänge zusammen, sondern vor allem damit, dass die Firma Jahr für Jahr neue erfolgreiche

Dienste anbietet. Nicht alle davon hat Google selbst entwickelt, immer wieder werden Firmen aufgekauft.

Blogger.com zum Beispiel, eine Webseite, die Bloggern unentgeltlich Platz und Hilfsmittel zur Verfügung stellt, damit sie ihre Texte veröffentlichen können. Google kauft sie 2003. Bloggen ist zu der Zeit ein recht neues Phänomen. Der Begriff Blog ist eine Abkürzung von Weblog, mit Internet-Tagebuch etwas schwerfällig eingedeutscht. Blogs, das sehen die Google-Gründer damals, werden eine große Meinungsmacht im Internet bilden, wer frühzeitig mit ihnen in einem Boot sitzt, wird Vorteile haben. Genau so kommt es auch. Bekannte Blogger haben inzwischen sehr große Besucherzahlen – ihre Blogs sind deshalb für alle interessant, die darauf Werbung unterbringen wollen oder mit der Vermittlung von Anzeigen Geld verdienen.

Der nächste höchst umstrittene Schachzug von Google heißt Gmail, das aufgrund von Namensstreitigkeiten in Deutschland Google Mail heißt. Das ist ein kostenloser E-Mail-Service mit großem Speicherplatz und ein durchaus verlockendes Angebot, wenn es nicht einen Haken gäbe: Die E-Mails eines jeden Nutzers werden auf bestimmte Stichwörter hin gescannt und dazu passende Werbung in die E-Mail eingefügt. Das führt bei Datenschützern zu Protesten, denn dies betrifft nicht nur die Mails, die von den Nutzern verschickt werden, sondern auch die, die sie erhalten. Selbst wenn die Nutzer diesen Bedingungen zugestimmt haben – die Menschen, die ihre Post an Gmail-Adressen schicken, haben das im Regelfall nicht. Google versteht die Aufregung nicht, denn alles würde ja automatisiert erfolgen, kein Mitarbeiter in der Firma jemals die Mails lesen. Es wird nicht das letzte Mal sein, dass Google die Angst unterschätzt, die Menschen vor zu großem Datenhunger haben. Nicht jeder sieht die Vorteile des

Dienstes, nicht jeder möchte, dass seine Worte mit Anzeigen kommentiert werden.

Eine kleine Geschichte aus der Startphase von Gmail steht beispielhaft für das Denken der Google-Gründer: In der ersten Version von Google Mail gibt es keine Möglichkeit, Nachrichten zu löschen. Alles, was man an Post bekommt und verschickt, soll für immer auf den Servern von Google lagern, dafür hält die Firma schließlich ein Gigabyte Speicherplatz pro Postfach bereit, eine damals ungewöhnlich große Menge für eine kostenlose E-Mail-Adresse. Es gibt große Proteste, Nutzer wollen, dass eine Löschfunktion eingeführt wird, wollen selbst bestimmen können, ob sie gewisse Informationen irgendwann löschen oder nicht. Larry Page hält dagegen. Er will das Denken der Nutzer verändern, will verhindern, dass sie sich Gedanken darüber machen, ob sie eine Nachricht behalten oder löschen sollen. Er findet es ineffizient, dass sich jemand darüber Gedanken macht, wenn es doch genug Platz für alle Nachrichten gibt. Ein Gedanke kommt ihm nicht: Dass es E-Mail-Konversationen gibt, die einem vielleicht später peinlich sein können und von denen man nicht will, dass sie in fremde Hände fallen.

Effizienz ist das Stichwort für viele der Ideen bei Google. Es geht immer darum, schneller ans Ziel zu kommen, auch wenn es nur wenige Sekunden Zeitersparnis sind. Zuletzt zeigt sich das bei Google Instant, einer Funktion, bei der Suchergebnisse angezeigt werden, während der Nutzer noch am Eintippen des Suchbegriffs ist. Es ist effizienter, wenn man nicht das ganze Wort eintippen muss, wenn man die Suche nicht noch einmal mit einem Knopf bestätigen muss. Diese Suche führt interessanterweise auch dazu, dass man noch viel mehr Informationen verarbeiten muss, dass man abgelenkt wird und vielleicht anderen Begriffen folgt als denen, nach denen man eigentlich gesucht hat. Die Effizienz wandelt sich in ihr Gegenteil. Das Problem von Googles Effizienz-Denken: Es blendet aus, dass der Nutzer ein Mensch ist, keine Maschine. Ein Problem, das Google nicht das letzte Mal haben wird.

Es ist nur eine kleine Notiz in den Wirtschaftszeitungen, als Google im Oktober 2004 eine Firma namens Keyhole kauft. Sie ist darauf spezialisiert, digitale Landkarten zu erstellen und zu verwerten. Der Kauf bildet die Grundlage für das, was bald darauf als Google Maps online gehen wird.

Google Maps ist nichts anderes als ein interaktiver Weltatlas mit eingebauter Satellitenbildfunktion. Er verändert in kürzester Zeit die Vorstellung von dem, was Landkarten leisten können, und vielleicht sogar unsere Wahrnehmung der Welt. Besonders das einige Monate später erscheinende Programm Google Earth ist faszinierend, eine mit mehr Funktionen versehene Version von Google Maps zur Installation auf dem Rechner. Mit einem Mausklick kann man von der Ansicht der Erde im All auf jeden beliebigen Punkt der Erde zoomen, reibungslos, butterweich. Wie aus einem Raumschiff nähert man sich dem Planeten, sieht Berge, Flüsse und Meere und schließlich die Straße, das Haus, nach dem man gesucht hat.

Gleichzeitig eignet sich das Programm natürlich hervorragend zum Ausspähen, denn per Luftbild lässt sich in den Garten jedes Hauses spähen, herausfinden, was die Nachbarn hinter ihrer Hecke verbergen.

Erstaunlich, dass die große Protestwelle gegen diesen Dienst erst 2010 beginnt, denn sowohl Google Maps als auch Google Earth sind schon seit 2005 in Betrieb. Der Stein des Anstoßes ist nicht der Blick in den Garten, sondern eine Funktion namens Street View, in den USA bereits seit Ende Mai 2007 im Einsatz. Street View ist in den Google-Maps-Service integriert. Mit ihm kann man nicht nur das Luftbild, sondern auch die Frontansicht eines beliebigen Hauses im Netz abrufen. Im Frühjahr 2010 kündigt Google an, den Dienst in weiteren Ländern, darunter Deutschland und Österreich, einführen zu wollen. Teile der Schweiz sind bereits seit 2009 in Street View verfügbar.

Der Protest ist vor allem in Deutschland sehr groß. Rational ist er nur schwer zu begründen, denn Google sammelt schon seit Jahren alle Informationen, die es finden kann. Doch zum ersten Mal scheint hier auch den unerfahrenen Benutzern klar zu werden, wie groß der Wissensdurst von Google ist, welche Anstrengungen die Firma unternimmt, um an Daten zu kommen. Schließlich fahren Autos von Google jede Straße der Länder ab, in denen der Dienst startet. Alle paar Meter macht eine Kamera ein Foto, das ins Netz gestellt wird. Erstmals wird Menschen klar, dass sie sich Google nicht entziehen können – egal, wo sie wohnen, egal, wer sie sind. Und das macht Angst. Angst, die Google wiederum nicht verstehen kann. «Was ist so schlimm an Street View?», fragte ein Mitarbeiter der deutschen Filiale schon vor Jahren ratlos.

Am 9. Oktober 2006 platzt eine Bombe: Google kauft YouTube. Die größte Suchmaschine kauft den größten Anbieter von Internet-Videos. 1,6 Milliarden Dollar in Aktien bezahlt Google. Viele Experten halten den Preis für überteuert. Doch der Kauf ist auch ein Akt der Verzweiflung: YouTube hat seit seinem Start im Frühjahr 2005 gezeigt, wie begehrt Videos im Netz sind. Bewegtbilder, wie Netzexperten kleine Videos gerne nennen, werden in den folgenden Jahren immer wichtiger werden. Das Beispiel YouTube beweist es. Schon etwas mehr als ein Jahr nach ihrem Start spielt die Seite rund 100 Millionen Videos pro Tag ab. Im Herbst 2007, so schätzen Experten, benutzt sie so viel Bandbreite, wie das gesamte Internet im Jahr 2000 braucht. Der letzte Auslöser für den Kauf: Der Anfang 2005 gestartete Service Google Videos ist nicht annähernd so erfolgreich wie YouTube.

Auf eine Art hat sich der Kauf bereits gelohnt: Mitte 2010 steht YouTube nach Google und Facebook an dritter Stelle der am häufigsten besuchten Internetseiten. Mehr als 24 Stunden Videomaterial werden pro Minute auf die Server von YouTube geladen. Vom Heimvideo bis zu Ausschnitten aus Fernsehsendungen, von Kurzfilmen bis Musikvideos. Und hier entsteht ein neues Problem für YouTube – und damit für Google: Schon bald wehren sich Fernsehsender und Plattenfirmen. Denn was da in Massen hochgeladen wird, sind nicht nur von den Nutzern selbst produzierte Filme, sondern auch Unmengen an urheberrechtlich geschütztem Material. Videos, für die keinerlei Erlaubnis besteht, sie zu zeigen.

Wie schon im Fall von Google Books tritt die Firma in Verhandlungen mit den Rechteinhabern. Google behauptet zuerst, nur eine Plattform zur Verfügung zu stellen, auf die Benutzer laden können, was sie wollen. Später schließt die Firma Kompromisse und mit einigen Fernsehsendern Verträge über das Zeigen von Trailern, von kurzen Ausschnitten aus ihren Sendern.

Die Verhandlungen sind deutlich komplizierter als bei Google Books. Denn während die Verlage noch keine Gegenstrategie zu Google entwickelt haben, knabbert YouTube am Kerngeschäft der Medienhäuser – und macht dazu noch deren eigenen Videoportalen Konkurrenz.

Noch ein anderer Punkt muss Google Sorgen machen: YouTube kostet sehr viel, bringt aber kaum Geld. Lange Zeit ist nicht klar, wie das überhaupt funktionieren soll: Wer Videos anschaut, wird nicht auf Werbung achten, die am Rand der Seite läuft. Ist Werbung vor eines der Videos geschaltet, verlassen die Besucher die Seite schnell wieder, das zeigen Statistiken. Mitte 2010 schließlich scheint Google einen Weg gefunden zu haben, Werbung so zu platzieren, dass sie auch gesehen wird: Am unteren Rand des Videos werden Textanzeigen platziert, so schmucklos wie die üblichen Google-Anzeigen. Wer sie nicht sehen will, kann sie schnell mit einem Klick entfernen. Doch sie erfüllen ihren Zweck: Vor dem Wegklicken werden sie häufig gelesen.

Am 3. August 2009 tritt Eric Schmidt zurück. Nicht als Google-Chef, sondern aus dem Verwaltungsrat von Apple. Er bekleidete den Posten drei Jahre lang. Der Rücktritt kommt nicht unerwartet und er macht eins deutlich: Google wird neue Geschäftsfelder besetzen, egal, ob man mit der Konkurrenz vorher freundschaftlich verbunden war oder nicht. Google scheut sich nicht, Allianzen zu kündigen.

Bis dahin nämlich ist Google ein guter Partner von Apple. Das iPhone, Apples erster Schritt auf den Handymarkt, benutzt die Google-Suchmaschine und nimmt Google Maps als Basis für seinen Routenplaner. Das ist für beide Seiten einträglich, hindert Google aber nicht an seinem nächsten Schritt. Die Firma entwickelt ein Betriebssystem für Handys, das den Namen Android trägt. Es soll in so genannten Smartphones eingesetzt werden, in Handys also, die in die gleiche Kategorie fallen wie das iPhone. Android heißt: Google greift Apple auf dem eigenen Feld an.

In Apples Erklärung zu Schmidts Rücktritt steht das auch mit deutlichen Worten: Da Google mit Android und dem PC-Betriebssystem Chrome OS in Apples Kerngeschäft drängt, «wird Erics Effektivität deutlich geschmälert. Er muss sich bei immer mehr Treffen ausklinken, um Interessenskonflikten aus dem Weg zu gehen.»

Doch Google weiß, was wichtig ist für das Geschäft: Betriebssysteme, vor allem Android. Sinkende Internettarife und immer bessere Handys sorgen dafür, dass immer mehr Menschen mit ihrem Gerät online sind. Sie begreifen das Handy nicht mehr nur als Telefon, sondern auch als Taschencomputer. Und mit diesem wollen sie folgerichtig auch das machen, was ein herkömmlicher Computer ihnen ermöglicht. Ein zweites Betriebssystem ist bei Google in der Entwicklung: Chrome OS, ein schnelles und schlankes Betriebssystem für so genannte Netbooks, Mini-Notebooks, die immer beliebter werden.

Android ist erfolgreich: Bald, so schätzen Experten, wird es den zweiten Platz auf der Rangliste der Handybetriebssysteme einnehmen, nach Nokias Symbian und weit vor Apples iOS. In den USA werden bereits mehr Android-Geräte als iPhones verkauft. Grund hierfür ist auch, dass Apple sein Betriebssystem nur für eigene Handys benutzt, Google Android aber an viele Firmen lizensiert, darunter HTC, Motorola oder LG.

Wie andere Firmen hat Google eines erkannt: Wer ein möglichst geschlossenes System anbietet, hat Erfolg und kann diesen Erfolg verlängern. So funktioniert zum Beispiel Apple, das sein eigenes Betriebssystem auf seinen Computern hat und das perfekt auf angeschlossene Geräte eigener Herstellung abgestimmt ist, wie beispielsweise iPhone oder iPod. Facebook geht ganz ähnlich vor, indem es seinen Dienst zu einer Plattform, zu einer Art Betriebssystem ausbaut. Es öffnet Schnittstellen für Programmierer von kleinen Applikationen wie Spielen oder Chatprogrammen. Diese können damit nicht nur perfekt in die Facebook-Seiten eingebunden werden, sondern bekommen auch Zugriff auf die Datenbanken der Firma. Sie werden quasi ein Teil von Facebook und halten die Nutzer im geschlossenen Facebook-System. Und Google macht dasselbe.

Alles ist gut in der Welt von Google. Zumindest scheint es so, wenn man auf die Umsätze und Gewinne der Firma schaut. Doch in den letzten Jahren zweifeln immer mehr Experten daran, dass Google noch etwas anderes als «Suche» kann. Zwei Versuche scheitern, ein soziales Netzwerk zu etablieren. Orkut, benannt nach dem Google-Programmierer Orkut Büyükkökten, der das Netzwerk in seiner Projektzeit erstellt, kommt in den USA und Europa kaum über die Entwicklungsphase hinaus, war aber lange das führende Netzwerk in Brasilien und Indien. Doch auch in diesen Ländern gewinnt der Konkurrent Facebook an Popularität: In Indien hat es im Sommer 2010 die Führung übernommen, die Wachstumszahlen in Brasilien sind groß und es scheint nur eine Frage der Zeit, bis Facebook auch hier vorne liegt.

Der zweite Versuch, ein soziales Netzwerk aufzubauen, nennt sich Google Wave. Die Weiterentwicklung des Dienstes aber wird nach etwas mehr als einem Jahr aufgegeben. Die Server bleiben online, aber nur, um die Daten nicht zu verlieren. Sie sollen in neue Dienste integriert werden. Wave scheitert vor allem an einer Sache: Kaum jemand hat verstanden, welchen Nutzen er von Wave haben soll, und Google hat es nicht geschafft, den Dienst richtig zu erklären. Inzwischen heißt Googles Facebook-Konkurrent Buzz. Er ist seit Anfang 2010 online und hat schon viele Benutzer. Was aber vor allem daran liegt, dass jeder, der bereits ein Gmail-Konto benutzt, automatisch ein Teil von Buzz ist. Auf der Gmail-Seite sind die Buzz-Funktionen integriert. Wie viele Menschen das Netzwerk tatsächlich als Facebook-Ersatz nutzen, ist nicht zu ermitteln.

Google muss, da sind sich die Experten einig, neue Wege finden, Geld zu verdienen, wenn es weiter wachsen soll. Das Zauberwort Cloud Computing fällt immer wieder im Zusammenhang mit Google. Riesige Rechenzentren sind vorhanden. In denen sollen die Nutzer bald nicht nur ihre Daten speichern, sie sollen auch die Arbeiten verrichten, die normalerweise ein Computer zu Hause macht. Auf ihnen sollen die Programme laufen, effizienter und auch energiesparender als zu Hause. Wie aus einem großen Stromnetz soll Computerleistung über das Internet in jedes Haus kommen. Niemand soll mehr sein eigenes kleines Kraftwerk auf dem Schreibtisch haben.

Google muss aber auch weiter daran arbeiten, seine Suchergebnisse zu verbessern. Bequemlichkeit, das Ausruhen auf einem einmal erreichten Status, ist im Internet gefährlich. Bald wird es bei der Suche nicht mehr nur um technisch ausgefeilte Zuordnungen von Begriffen gehen, sondern darum, Meinungen zu einer Frage einzuholen, Empfehlungen zu bekommen. In solchen Punkten ist ein Dienst wie Facebook schon viel weiter, denn er kann auf Menschen zurückgreifen und nicht nur auf Seiten.

Und nicht nur Facebook weiß das, sondern auch Microsoft. Und so schließen die beiden Firmen im Herbst 2010 einen Vertrag, in dem eine Kooperation zwischen Facebook und Microsofts Suchmaschine Bing angestrebt wird. Die technische Suche soll mit Empfehlungen von Facebook-Mitgliedern kombiniert werden. Ein Modell, das Zukunft haben könnte. Und das Google zum Handeln zwingen wird.

Schon jetzt drängen neue Firmen wie Facebook oder Twitter auf den Markt, die sich mit Google um einen der wichtigsten Märkte streiten: den Werbemarkt, eines der wenigen Felder, auf denen sich im Internet Geld verdienen lässt. Seit dem iPhone 4 und dem damit verbundenen Betriebssystem versucht auch Apple, in diesen Markt einzudringen. Gewinnen wird derjenige, der den Verbrauchern den besten Service bietet – und den Werbenden die besten Kunden bringt. Und vor allem: eine gute Balance hält zwischen Erhebung von Daten und dem Schutz der Privatsphäre. Denn all diese Internetdienste sind vor allem auf ein Fundament gebaut: Vertrauen. Und ob Google das verdient, ist umstrittener denn je.

Facebook: die Welt der Freunde

Berlin, in der S-Bahn irgendwo zwischen Bahnhof Zoo und Hauptbahnhof: Ein junger Mann richtet sich auf und redet aufgeregt in sein Handy: «Ich komme nicht mehr auf Facebook. Und bevor ich heute Abend weggehe, muss ich doch wissen, ob ich auf der Gästeliste stehe.» Er wirkt verzweifelt. So, als ob er sich aus seiner Wohnung ausgesperrt hat und kein Schlosser zu erreichen ist. Er ist immer noch am Reden, als er am Bahnhof Friedrichstraße aussteigt, das Wort «Facebook» dringt noch durch die sich schließende Tür.

Der junge Mann in Turnschuhen und Jogginghose ist jemand, der Mark Zuckerberg gefallen würde, jemand, der die Möglichkeiten von Facebook nutzt und darüber kommuniziert – dabei nur leider ein wichtiges Detail vergessen hat: Um auch unterwegs Facebook zu nutzen, muss er mindestens ein Handy haben, mit dem der Zugang zum Internet möglich ist. Das hatte er nicht.

Mark Zuckerberg ist Gründer und Chef von Facebook, dem Unternehmen, das wie kein anderes Beziehungen zwischen Menschen im Internet verändert hat – und das wie kein anderes diese Beziehungen zum Geldverdienen nutzt. «Ich möchte, dass in Zukunft die gesamte Kommunikation im Internet über Facebook läuft.» Die Ambitionen von Zuckerberg sind wenig bescheiden. Kein Wunder, wenn man im Alter von 20 Jahren eine Firma gegründet und diese in nur sechs Jahren von einer Idee zur zweitgrößten Macht im Internet geführt hat. Wenn man es in dieser Zeit vom Studenten zum jüngsten Milliardär der Welt gebracht hat.

Im Februar 2004 gründete Zuckerberg Facebook, im Juli 2010 hatte das Netzwerk 500 Millionen Nutzer, Tendenz: rasant steigend. Jeder zehnte Deutsche, rund 30 Prozent der Schweizer und 25 Prozent der Österreicher waren im Herbst 2010 Mitglieder – und als solche wertet Facebook tatsächlich nur die, die sich in den letzten 30 Tagen vor der Zählung mindestens einmal eingeloggt haben. Karteileichen werden nicht mitgezählt, im Gegensatz zu anderen Diensten. Facebook-Mitglieder schreiben kurze Nachrichten an ihre Freunde, spielen online gegen sie oder miteinander, zeigen Privatfotos, ob von wilden Partys, Familienfeiern oder Strandurlauben. Sie unterhalten sich über Trivialitäten, gründen politische Gruppen, verabreden sich oder stupsen sich einfach nur über das Netz an. Facebook ist eine nahezu perfekte Plattform, um mit weit entfernt lebenden Freunden in Kontakt zu bleiben, alte Bekannte wiederzufinden, schnell Neuigkeiten auszutauschen oder sich einfach nur die Zeit zu vertreiben. Facebook ist der Dienst, der wohl die meisten alten Freunde wieder zusammengeführt, lockere Bekanntschaften vertieft und Kontakte angebahnt hat.

Gleichzeitig aber ist Facebook neben Google das Synonym für datenhungrige Internetfirmen, für das Ausspähen der Nutzer und die Nutzung ihrer Daten. Die bei Facebook gewonnenen Erkenntnisse über die Nutzer sind noch wertvoller als die, die beim großen Konkurrenten Google anfallen. Im Gegensatz zu dem kennt Facebook nicht nur Suchbegriffe und oft besuchte Webseiten, sondern auch die E-Mail-Adresse, den richtigen Namen und das Alter seiner Nutzer. Häufig weiß die Plattform auch über den Freundeskreis Bescheid, kennt Lieblingsfilme oder -musik und den Modegeschmack. Solche Informationen geben die Nutzer freiwillig und unter ihrem richtigen Namen heraus. Denn nur wer unter seinem richtigen Namen auftritt, kann Facebook richtig nutzen. Wer bei Facebook ist, will dort seine Freunde oder alte Bekannte wiedertreffen. Das eigene Profil muss also unter dem richtigen Namen laufen, wenn man gefunden werden will.

Facebook hat damit eine der besten Geschäftsgrundlagen, die es im Internet gibt. Basierend auf der Erkenntnis, dass der einzige Weg, im Netz wirklich Geld zu verdienen, über Anzeigen funktioniert und man für eine Anzeige mehr Geld bekommt, wenn sie tatsächlich das Publikum trifft, auf das der Werbende hofft. Und kaum ein Dienst kennt seine Nutzer genauer als Facebook.

Facebook ist nicht das erste soziale Netzwerk – und es wird voraussichtlich nicht das letzte sein. Aber es ist das erste soziale Netzwerk, das globalen Erfolg hat, das Menschen aus aller Welt zusammenbringt, das die Kommunikation mit Freunden und Bekannten fördert und in dem viele Menschen bereit sind, mit ihrem richtigen Namen aufzutreten. Der Grund für den Erfolg liegt vielleicht auch darin, dass es einfach zu bedienen ist und keine Richtung dafür vorgibt, was auf den Seiten geschieht. Es ist damit dem Credo seines Erfinders treu geblieben: Es ist kein soziales Netzwerk, sondern einfach nur ein technisches Angebot. Es gibt anders als in den meisten sozialen Netzwerken kein gemeinsames Ziel aller Facebook-Mitglieder. Facebook hat für alle Platz, für Sportler, Autoschrauber, Musiker, für Schulfreunde, den Kegelclub und politische Parteien. Und das ist ein Grund für seinen Erfolg.

46

Das Konzept der sozialen Netzwerke ist nicht neu. Einer der Väter des Internets, der amerikanische Computerwissenschaftler Joseph Licklider beschreibt schon 1968 ein Netzwerk, bei dem die Mitglieder geographisch getrennt, aber durch ein gemeinsames Ziel geeint sind. Bis so ein Netzwerk tatsächlich entsteht, sollte noch einige Zeit vergehen. Anfang der 80er Jahre gibt es die ersten Versuche und 1985 geht mit dem WELL genannten Schwarzen Brett ein Dienst in Betrieb, der als Urahn der heutigen Netzwerke gilt. Die verschiedenen Mitglieder können Beiträge leisten, sich gegenseitig anschreiben und die sich daraus ergebende Diskussion verfolgen. Der amerikanische Sozialwissenschaftler Howard Rheingold, aktiver Teilnehmer an WELL, entwickelt aus dem Erlebten den Begriff einer virtuellen Gemeinschaft, einer «virtual community».

Schon früh erkennen Firmen, wie viel Potential in diesen Gemeinschaften steckt. Sie versuchen, sie aufzubauen und zu pflegen. Der später als AOL bekannt gewordene Online-Dienst America Online ist zunächst ein geschlossenes System mit Teilnehmern, die nur dafür zahlen, sich miteinander unterhalten zu können. Auch später bleibt AOL immer ein geschlossenes System, das sich sehr schwertut, seine Mitglieder auch ins «richtige» Internet zu lassen. Einer der Gründe, warum die Firma unter richtigen Internetsurfern unbeliebt ist, denn geschlossene Systeme sind nicht gut, wenn man doch das alles erkunden möchte.

Zu Beginn des neuen Jahrtausends starten dann mehrere Online-Netzwerke. Sie sind meistens an einen bestimmten Anbieter von Internetzugängen gebunden oder an das Online-Angebot einer Zeitung oder Zeitschrift angedockt. Keines davon ist nur annähernd so erfolgreich wie Facebook. Doch wenn das Angebot gut gestaltet ist und die Nutzer gut betreut werden, gibt es immer sehr viele aktive

Teilnehmer, die den Angeboten lange treu bleiben. Soziale Netzwerke, so viel wird bald deutlich, haben ein großes Potential.

Am besten funktioniert das bei LinkedIn oder seiner deutschen Entsprechung Xing. Das sind Karrierenetzwerke, in denen es hauptsächlich darum geht, berufliche Beziehungen zu knüpfen, Geschäfte anzubahnen oder neue Jobs zu finden. Wer hier teilnimmt, weiß, was er will: in einer gut moderierten Umgebung schnell zum Ziel kommen. Dafür sind einige Mitglieder auch bereit, einen Mitgliedsbeitrag zu zahlen. Xing kommt deshalb ohne Werbeanzeigen aus.

Für den einfachen Zeitvertreib würden dagegen nur wenige Menschen Geld zahlen, zu sehr hat sich die Überzeugung festgesetzt, dass im Internet alles umsonst sein muss. Diese Netzwerke müssen anders finanziert werden, am besten über Anzeigen.

Das wissen auch die Gründer von MySpace, dem ersten weltweit bekannten Netzwerk, das 2004 online geht. Mit wenigen Mausklicks kann hier jeder seine eigene Seite anlegen und Freunde einladen, die Seite anzuschauen. Nutzer können Blogs einfügen, also Online-Tagebücher, ihre Lieblingsmusik, Fotos, Videos hochladen. Innerhalb kürzester Zeit hat MySpace Millionen von Mitgliedern und steht exemplarisch für das so genannte Web 2.0, in dem die Nutzer nicht mehr nur Inhalte konsumieren, sondern vor allem selbst gestalten. Das ist praktisch für die Betreiber der Seiten. Sie müssen sich nur um eine einwandfreie Technik kümmern, den Rest machen die Nutzer selbst.

Der Schwerpunkt von MySpace war und ist Musik. Viele Bands betreiben eigene Seiten, laden Songs und Videos hoch, die man sich online anhören und ansehen kann. Andere Mitglieder können Fans werden und sich so an Diskussionen beteiligen.

Für die Gründer ist MySpace ein finanzieller Erfolg. Die Seite wird Mitte 2005 von Rupert Murdochs News Corp, einem der weltweit größten Medienunternehmen, für 580 Millionen Dollar gekauft. Das Problem: In der Konzernstruktur kann MySpace nur noch langsam auf die Herausforderungen antworten, die der neue Konkurrent Facebook mit sich bringt. MySpace ist 2008 noch die führende Seite bei den sozialen Netzwerken, Mitte 2010 liegt sie nur noch auf Platz 25 der meistbesuchten Webseiten, Nummer zwei ist jetzt Facebook.

Schon 2002 geht Friendster ans Netz und ist in vielerlei Hinsicht ein Vorbild für Facebook. Zum Beispiel in der Benutzerfreundlichkeit: Friendster ist klar strukturiert, einfach zu navigieren und ohne überflüssige Elemente gestaltet. Der direkten Kommunikation sollen so wenige Hindernisse wie möglich in den Weg gelegt werden. Ein anderer Aspekt in der Geschichte von Friendster dient Mark Zuckerberg allerdings als mahnendes Beispiel. Friendster wächst schnell, die Firma wird zum Liebling der Medien, die Gründer sind Dauergäste in Nachrichtensendungen und Talkrunden. Was folgt, ist ein großer Besucheransturm. Doch die Rechenleistungen und Kapazitäten der Computer sind darauf nicht vorbereitet. Viele Besucher, die Mitglieder werden wollen, können deshalb nicht auf die Seite zugreifen, sie sind schnell frustriert und geben auf. Selbst Mitglieder der ersten Stunde lassen ihren Friendster-Zugang bald verwaisen: Wenn eine Seite nach jedem Klick länger als eine Minute braucht, um zu reagieren, sind selbst die größten Fans rasch weg. Friendster bekommt dieses Problem zwar in den Griff, doch zu dem Zeitpunkt ist es bereits zu spät, der Schaden ist angerichtet. Friendster ist weiterhin aktiv und hat mehr als 100 Millionen Benutzer, mehr als 90 Prozent davon allerdings in Asien, weit von den attraktiven amerikanischen Werbemärkten entfernt. Mark Zuckerberg hat daraus gelernt. Ein Nutzer, der einmal frustriert geht, wird nicht wiederkommen. Wenn Facebook wächst, muss die Firma darauf vorbereitet sein.

«Du wirst in dem Glauben durch das Leben gehen, dass Mädchen dich nicht mögen, weil du ein Nerd bist. Aber das stimmt nicht, sie mögen dich nicht, weil du ein Arschloch bist.» Das Mädchen, das diese Sätze sagt, verschwindet. Ein frustrierter junger Mann setzt sich an den Computer und fängt an zu programmieren. «Hot or not? Sieht das Mädchen auf dem Bild heiß aus oder nicht? Bitte anklicken.» So beginnt der Film «The Social Network» von David Fincher, er beschreibt die Geschichte von Facebook, erzählt den Weg von Mark Zuckerberg. Er ist der junge Student in dieser Szene und er wird gleich darauf die ersten Zeilen des Programmcodes schreiben, der später einmal zu Facebook werden soll.

Fincher zeichnet das Bild eines frustrierten Nerds, der zu richtigen Freundschaften nicht in der Lage ist, den seine Mitschüler nicht mögen, der die einfachsten Formen des menschlichen Zusammenlebens ignoriert, der unhöflich ist, unaufmerksam und doch wahnsinnig erfolgreich wird. Denn er übersetzt menschliches Miteinander in Computersprache, schafft ein Netzwerk und geht dabei immer davon aus, dass sich der Mensch berechnen lässt, dass sich menschliche Beziehungen simulieren lassen.

Es ist ein düsteres Bild, das Fincher von Zuckerberg zeichnet. Ob es dem tatsächlichen Menschen Zuckerberg entspricht, ist umstritten. Der zumindest ist nicht gut auf den Film zu sprechen und drohte Gerüchten zufolge sogar einmal damit, sämtliche Werbung für den Film auf Facebook zu unterbinden. Zum Filmstart geht er in die Charme-Offensive, spendet 100 Millionen Dollar für die Schulen in der nahe New York gelegenen Stadt Newark und lässt sich erstmals in einer Zeitschrift porträtieren: dem renommierten «New Yorker».

Die fehlende Höflichkeit, die scheinbare geistige Abwesenheit, sie wird auch von anderen Menschen berichtet, die Zuckerberg kennen. Und zumindest in einem stimmt die Eröffnungsszene: Die erste Version von Facebook hieß Facemash und ist eine Version des populären «Hot or Not». Und Facemash ist ein Streich, der nur einem unreifen Jungen mit Programmierkenntnissen gelingen konnte.

Facemash geht am 28. Oktober 2003 im internen Netz der Harvard-Universität online. In kürzester Zeit steuern 450 Studenten der Harvard-Universität die Seite an. Sie zeigt Bilder von Harvard-Studenten, bevorzugt allerdings von Studentinnen, entnommen aus den Online-Jahrbüchern der einzelnen Fachbereiche. 22 000 Zugriffe auf die Seite zählt Zuckerberg, dann wird die Leitung gekappt, die Verwaltung hat Wind von der Sache bekommen. Der junge Programmierer wird vorgeladen, muss Rede und Antwort stehen. Sein Vergehen: Er hat Fotos aus den Jahrbüchern der Universität verwendet und ohne Erlaubnis der Abgebildeten oder der Leitung online gestellt. Einbruch in geschützte Computer, Verstöße gegen das Urheberrecht und Missachtung von Datenschutz werden Zuckerberg vorgeworfen.

Mark Zuckerberg ist 20, in seinem zweiten Jahr in Harvard. Das ist eine der führenden Universitäten der USA, nahe Boston in Neuengland gelegen, dem europäisch geprägten Nordosten der Vereinigten Staaten. Wer in Harvard studiert, hat einen rigorosen Auswahlprozess überstanden. Geboren in White Plains, einer Vorstadt von New York City, fing Zuckerberg schon früh an, Computerprogramme zu schreiben, eine Version von dem Spiel Risiko zum Beispiel. Ein Begriff, der sich durch seine weitere Laufbahn zieht. Wie bei dem Experiment Facemash.

Für Zuckerberg ist Facemash ein Erfolg, denn er hat eins gemerkt: Das Interesse an einem Service, in dem es um Menschen geht, die man tatsächlich kennt, ist groß. Die Zugriffszahlen sind enorm – gemessen an der kurzen Zeit und der Anzahl der Studenten in Harvard. Anfang 2004 macht sich Zuckerberg daran, eine legale Version seiner Idee zu entwickeln und nennt sie Thefacebook, benannt nach dem Facebook, einem gedruckten Buch, in dem Jahr für Jahr die neuen Studenten der Universität vorgestellt werden. Für ältere Semester dient es auch als Nachschlagewerk, um potentielle Beziehungspartner vorzumerken und sich strategisch in den richtigen Kursen anzumelden.

Würde dieses Buch online verfügbar sein und am besten noch die Möglichkeit bieten, mit den gezeigten Personen in Kontakt zu treten, so müsste es einen großen Erfolg haben, glaubt Zuckerberg – und er wird recht haben.

Vielleicht aber haben auch Cameron und Tyler Winklevoss recht. Denn sie sind es, die noch vor Zuckerberg ein soziales Netzwerk in Harvard starten wollen und für kurze Zeit sogar Zuckerberg selbst als Programmierer anheuern. Sie sind nicht erfreut, als er kurz nach dem Ausstieg aus ihrem Projekt den Prototypen von Facebook online stellt. Später werden sie ihn wegen Ideenklau verklagen und einen Vergleich abschließen, der ihnen 65 Millionen Dollar an Facebook-Anteilen einbringt.

Mark Zuckerberg stellt seine Seite unter der Internetadresse www.thefacebook.com am 4. Februar 2004 online. Obwohl sich die Studenten selbst anmelden und ihre Daten und Bilder hochladen müssen, ist in wenig mehr als einem Monat fast die Hälfte der Harvard-Studenten dabei.

Zuckerberg will mehr, aber er hat bei Friendster gelernt, was nicht passieren darf: Die Nutzer sollen nie unzufrieden sein mit dem Service. Der Dienst muss immer funktionieren, darf nie langsam werden oder gar ganz ausfallen. Ein soziales Netzwerk basiert darauf, immer verfügbar zu sein. Wenn jemand es benutzen will, muss es bereitstehen. Deshalb muss Thefacebook langsam wachsen, die Technik muss den Besucherzahlen immer einen Schritt voraus sein.

Zuckerbergs Strategie ist einfach, aber effektiv: Langsam soll das immer noch Thefacebook genannte Netzwerk wachsen und vor allem erst einmal exklusiv einem bestimmten Teilnehmerkreis vorbehalten bleiben. Am besten solchen, die einen gewissen Status haben, die Trendsetter sind und dazu geeignet, den Neid anderer auf sich zu ziehen – so dass anderen die Teilnahme an Thefacebook erstrebenswert erscheint. Studenten der Eliteuniversitäten also.

Ein weiterer Vorteil: Studentenzahlen sind bekannt, die benötigten Computerkapazitäten lassen sich so viel einfacher berechnen. Das wird darüber gewährleistet, dass sich nur Menschen anmelden können, die auch eine E-Mail-Adresse der Universität haben, die für Facebook freigegeben ist. Studenten sind neugierig, haben Zeit, neue Dinge auszuprobieren und finden an den Universitäten auch die entsprechende Infrastruktur, um oft online zu sein.

Nach dem Erfolg in Harvard öffnet Thefacebook sich für andere Universitäten der so genannten Ivy League, den acht bedeutendsten Eliteuniversitäten in Neu-England, dem Nordosten der USA. Wichtig ist auch ein Zugang für Stanford, der bedeutendsten Universität an der Westküste, direkt im Silicon Valley gelegen, dem heimlichen Traum eines jeden Computernerds. Zuckerberg ist ein Computernerd – auch heute noch. Er ist, so wird er oft beschrieben, ein netter junger Mann mit manchmal etwas seltsam anmutenden Manieren. Er weiß um die eigene Wichtigkeit und hat ein Ziel, das er verfolgt. Er ist aber auch ein junger Mann, der sich nicht vorstellen kann, wie das Leben ist, wenn man nicht Mitte 20, von Freunden umgeben und nebenbei auch noch Milliardär ist. Für jemanden wie ihn sind Dinge wie Datenschutz und Trennung verschiedener Freundeskreise tatsächlich nicht so wichtig. Er macht seine eigenen Spielregeln und muss nicht nach den Spielregeln anderer leben.

Die Reaktion an jeder der neu an Thefacebook angeschlossenen Universitäten ist gleich: Innerhalb kürzester Zeit, meist nur weniger Tage, ist ein großer Teil der Studenten Mitglied. Die Faszination des Netzwerkes und seine Popularität wachsen. Studenten von kleineren Universitäten und Schüler an den weiterführenden Schulen, den High Schools, sehen bei Freunden, wie der Dienst funktioniert. Sie bombardieren Zuckerberg mit Anfragen. Sie wollen, dass ihre Uni, ihre Schule ebenfalls angeschlossen wird. Thefacebook ist angesagt, Zuckerberg muss reagieren – und zwar schnell. Er muss auf der Welle reiten, gleichzeitig aber dafür sorgen, dass die Infrastruktur funktioniert.

Doch das geht nicht ohne Geld. Und Geld für Projekte wie Thefacebook gibt es vor allem dort, wo man für neue Internetprojekte ein offenes Ohr hat. Trotz des Zusammenbruchs des ersten Internet-Booms Ende des letzten Jahrhunderts, trotz Dotcom-Crash: im Silicon Valley, der zwischen San Francisco und San Jose gelegenen Gegend, in der sich unzählige Firmen angesiedelt haben, die mit Computern und Software ihr Geld verdienen, darunter Apple, Intel, Google, Ebay oder Yahoo.

Mark Zuckerberg macht daraufhin das Richtige: Er zieht mit den Freunden, mit denen er Thefacebook aufgebaut hat, einmal quer über den amerikanischen Kontinent, nach Palo Alto, Kalifornien, dem Ort, der wie kein anderer für das Silicon Valley steht. Ein Teil der Stanford-Universität liegt auf dem Stadtgebiet, Konzerne wie Hewlett-Packard haben hier ihr Hauptquartier und vor allem gibt es hier eins: viele Risikokapitalgeber.

Thefacebook wächst unaufhörlich, braucht immer neue Rechenkapazitäten, immer neue Computer. Doch Geld verdient das Angebot kaum, auch weil Zuckerberg nur sehr zögerlich Anzeigen auf den Seiten zulässt. Wachstum ist ihm wichtig, nicht das schnelle Geld. Solange er Geldgeber findet, setzt er weiter darauf, das Erlebnis auf Thefacebook nicht von Werbebannern verschandeln zu lassen, sondern Mitglieder zu sammeln. Geldgeber findet er, unter anderem den wegen seiner rechtslibertären politischen Ansichten umstrittenen Investor Peter Thiel. Thiel, ein gebürtiger Deutscher, hat mit der Gründung und dem Verkauf des Internet-Bezahldienstes PayPal Millionen verdient, die er jetzt in einer Risikokapitalgesellschaft einsetzt. Zuckerberg bekommt von ihm 500 000 Dollar, Thiel dafür 10,8 Prozent von Thefacebook. Das ist gut angelegtes Geld, wie sich später herausstellen wird.

Doch noch ist es ein Wettlauf zwischen Technik und Zustrom neuer Mitglieder: Neue Computer werden gekauft und angeschlossen, daraufhin wird Thefacebook für neue Universitäten freigegeben, woraufhin diese innerhalb kürzester Zeit die Kapazitäten ausschöpfen, so dass neue Computer angeschafft werden müssen. Es ist ein ewiger Kreislauf, der aber vor allem eins zeigt: Das Konzept von Thefacebook ist bestechend, darauf haben viele Menschen gewartet. Etwas, bei dem man dabei sein muss. Die Idee ist so gut, dass sie sofort kopiert wird. In Deutschland entsteht eine solche Kopie in Form von StudiVZ (Studentenverzeichnis), zumindest wird das Facebook später in einem Rechtsstreit behaupten.

Ob es eine dreiste Kopie, ein Plagiat oder eine gänzlich unabhängige Entwicklung ist, wird wohl nie einwandfrei geklärt werden können. Es gibt viele Hinweise darauf, dass StudiVZ sich eifrig bei Facebook bedient hat. Nicht zuletzt gibt Ehssan Dariani, einer der Gründer von StudiVZ, zu, dass man sich an diesem Vorbild orientiert habe. Doch eine Klage, die Facebook in Deutschland gegen StudiVZ anstrengt, ist nicht erfolgreich, sie wird vom zuständigen Gericht in Köln zurückgewiesen. Das sagt aber vermutlich mehr über die Übertragung der deutschen Gesetze ins Online-Zeitalter aus als über das, was tatsächlich vorgefallen ist.

StudiVZ geht im November 2005 ans Netz und ist schnell erfolgreich. Auch in Deutschland, Österreich und der Schweiz scheinen die Studenten auf ein Online-Netzwerk gewartet zu haben. Bald nimmt die Firma auch Studenten im europäischen Ausland auf, doch die fremdsprachigen Seiten werden Anfang 2009 wieder eingestellt, lediglich eine englische Version bleibt. In den anderen Ländern, so vermuten Experten, ist Facebook schon größer.

Für Dariani und seine Mitgründer lohnt sich StudiVZ. Etwas mehr als ein Jahr nach der Gründung, im November 2005, kauft die Verlagsgruppe Holtzbrinck, in der beispielsweise «Die Zeit» erscheint, StudiVZ. Über den Preis ist nichts bekannt, die Spekulationen bewegen sich zwischen 20 und 120 Millionen Euro. In jedem Fall ist es ein gutes Geschäft für die Gründer, auch wenn sie bald aus dem Unternehmen ausscheiden.

StudiVZ muss auf die Ausdehnung des großen Vorbilds Facebook reagieren. Letzteres hat sich für europäische Teilnehmer geöffnet und ist damit eine ernste Gefahr für StudiVZ. Die meisten Menschen entscheiden sich für die Mitgliedschaft in nur einem Netzwerk. Erste Reaktion ist die Gründung von MeinVZ. Die

Teilnahme ist für alle zugelassen, nicht nur für Studenten. Wer will, soll sich in Netzwerken zusammenschließen können, bei StudiVZ und MeinVZ sind sogar Verknüpfungen zwischen den einzelnen Angeboten möglich. Lediglich SchülerVZ, ein analog zu StudiVZ aufgebautes Netzwerk, in dem nur Schüler zugelassen sind und das wegen Missbrauchsgefahr akribisch moderiert wird, bleibt außen vor. Doch Grund zur Sorge bleibt für die VZ-Netzwerke, obwohl sie im Mai 2010 rund 16 Millionen Mitglieder zählen. Facebook wird diese Marke in den deutschsprachigen Ländern noch im Herbst 2010 erreichen und wird, so lässt sich einfach vorhersagen, noch weiter wachsen, wenn Mark Zuckerberg nicht etwas ganz Dummes anstellt. Auch das Image von StudiVZ ist angekratzt. Es wirkt altbacken gegenüber der Konkurrenz, in den Trendzeitschriften wird es totgeschrieben. Wer sich mit Studenten unterhält, wird feststellen, dass StudiVZ deutlich weniger genutzt wird als noch vor einem Jahr. Facebook ist das neue Ding, denn es ermöglicht die Verbindung mit Freunden auf der ganzen Welt, nicht nur im deutschsprachigen Raum. Facebook hat eine solche Masse an Mitgliedern erreicht, dass für weitere Netzwerke nur wenig Raum bleibt, es sei denn, sie dienen speziellen Zwecken wie zum Beispiel Xing oder LinkedIn. Berufliche Geheimnisse will man nicht mit allen seinen Bekannten teilen – und Privates nicht mit Kollegen oder Geschäftspartnern, deshalb nutzt man hierfür zwei getrennte Netzwerke.

Thefacebook, das weiß Zuckerberg, muss wachsen. Wachsen aber kann es nur, wenn es sich auch Menschen öffnet, die nicht zum Kreis der Studenten zählen: Thefacebook muss für alle da sein. Dafür muss zuerst der Name einfacher werden, weshalb Zuckerberg im Sommer 2005 die Internetadresse facebook.com für 200 000

Dollar kauft und damit das The aus dem Namen seines Angebots und der Firma streicht.

Damit sind aber noch längst nicht alle Probleme gelöst. Der Erfolg von Facebook basiert darauf, dass sich dort Menschen treffen, die sich sowieso kennen oder zumindest ein gemeinsames soziales Umfeld haben, also an der gleichen Universität, der gleichen Schule sind – und bei Facebook mit ihrem wirklichen Namen auftreten. Solange Facebook nur in geschlossenen Zirkeln antritt, lässt sich das leicht kontrollieren; eine E-Mail-Adresse von Harvard oder einer anderen Universität ist die Eintrittskarte. Sie bekommt nur jemand, der dort studiert oder studiert hat, sonst niemand. Deshalb ist es leicht, die Identität der Mitglieder zu überprüfen.

Will man aber Facebook für alle öffnen, geht das nicht mehr. Nur wenige Menschen sind einwandfrei über ihre E-Mail-Adressen zu identifizieren. Im Internet kann jeder jede beliebige Identität annehmen, was auch für viele den Reiz des Internets ausmacht. Doch dadurch droht das, was Facebook ausmacht, zu verwässern. Zuckerberg lässt es darauf ankommen, als er am 26. September 2006 Facebook für alle öffnet, die eine gültige E-Mail-Adresse haben. Das Erstaunliche: Es funktioniert. Menschen, die sich im Internet bisher nur mit Pseudonymen und Spitznamen angemeldet haben, geben auf einmal ihren richtigen Namen preis. Selbst Menschen, die große Bedenken wegen Datenschutz haben, vertrauen ihre Daten Facebook an. Manchmal aber erschrecken sie auch darüber. Dann, wenn Facebook Neuerungen auf den Seiten einführt, die sie nicht erwarten, wie den News Feed.

Wer etwas über seine Freunde bei Facebook erfahren will, muss auf deren Facebook-Seiten gehen und sich dort umschauen, muss sich die Informationen zusammensuchen. Das gilt bis zum 5. September 2006, dem Datum, an dem Facebook einen neuen Dienst ans Netz bringt: den News Feed, auf Deutsch Neuigkeiten genannt. In diesem Nachrichtenstrom versammelt Facebook Meldungen von den Seiten sämtlicher Freunde. Kommentare, die sie auf anderen Seiten gemacht haben, werden ebenfalls dort aufgeführt. Änderungen an ihrem Profil, Einträge auf ihrer Seite, Erfolge in Spielen, das Hochladen von Fotos: Alles, was man auf Facebook macht, wird sofort und auf einen Blick für alle Freunde sichtbar. Gleichzeitig fließen die eigenen Kommentare auch bei Menschen ein, die gar keine Freunde sind, sondern nur Freunde von Freunden.

«Turn this shit off!» («Macht den Scheiß aus!») Die ersten Reaktionen auf den News Feed waren nicht die, die Zuckerberg erwartet hatte. Auf Facebook können Nutzer Gruppen ins Leben rufen, sich also zu solchen zusammenschließen. Und innerhalb kürzester Zeit hatte sich eine Gruppe gebildet, die gegen die neue Funktion protestierte. Die Nachrichtenfunktion ist ihnen unheimlich, ähnelt einem Stalker im Maschinengewand. 700 000 Mitglieder treten der Protestgruppe innerhalb von vier Tagen bei. Sie wollen nicht, dass jeder ihrer Schritte offen protokolliert wird.

Dabei hat sich im Grunde nichts geändert: Jede der Informationen im Nachrichtenstrom war bereits vorher für jeden sichtbar, der die erforderlichen Freigaben hatte. Und die werden von den Nutzern selbst vergeben. Zuckerberg kann die Reaktionen nicht verstehen, sieht nicht, dass es etwas anderes ist, wenn man sich die Informationen erst suchen muss, als wenn man sie direkt präsentiert bekommt. Gleichzeitig aber sieht er die Ironie im rasanten Wachstum des Protests. Denn der ist nur durch den News Feed möglich geworden: Nutzer haben bei ihren Freunden gesehen, dass sie der Gruppe beigetreten sind und haben sich selbst angeschlossen, wodurch wieder andere Freunde von der Existenz der

Protestgruppe erfahren. Das schnelle Wachstum der Gegnergruppe ist für ihn der Beweis dafür, dass der News Feed so funktioniert, wie er soll. Trotz aller Proteste wird der News Feed nicht abgeschafft, lediglich eine bessere Kontrolle über die Inhalte, die dort veröffentlicht werden, wird eingebaut. Heute ist der Nachrichtenstrom nicht mehr wegzudenken. Er ist das, was man sieht, wenn man Facebook öffnet, und er gibt gleich einen Überblick über das, was seit dem letzten Besuch passiert ist.

«Wir versuchen nicht, neue Verbindungen zwischen Menschen zu schaffen», sagt Zuckerberg Mitte 2007 dem «Time Magazine», «wir geben ihnen nur Werkzeuge, um auf eine neue Art mit ihren Freunden zu kommunizieren.» Mit anderen Worten: Facebook und der News Feed ist für ihn kein soziales Netzwerk, es ist nur eine Technik, mit denen Menschen ihre eigenen Netzwerke pflegen und erweitern können. Und es ist auch tatsächlich das, was Facebook auszeichnet: Man findet dort Menschen, mit denen man schon vorher verbunden war. Man muss sich nicht vorsichtig auf andere einlassen, sondern hebt Bekanntes auf eine andere Ebene. Facebook fühlt sich für viele Menschen so vertraut an, weil man nur vertraute Gesichter sieht, wenn man sich anmeldet. Obwohl das Netzwerk inzwischen mehr als 500 Millionen Mitglieder hat, sieht man immer nur einen kleinen Bruchteil davon.

Beunruhigend ist, was mit dem eigenen Namen geschieht, denn damit verdient Facebook Geld. Name, Wohnort, Hobbys, Interessen, Freundeskreis: Für einen Werbetreibenden gibt es kaum Daten, die interessanter und wertvoller sind als diese. Denn wer für ein Produkt wirbt, möchte vor allem eins: Dass seine Werbung genau die Menschen erreicht, die sich für sein Produkt interessieren, er möchte die so genannten Streuverluste vermeiden. Facebook kann diese Zielgruppe mit großer Treffsicherheit ausfindig machen, die Daten sind vorhanden. Name, Alter und Wohnort geben die Mitglieder selbst ein, alles andere beobachten die Computer von Facebook: Für welche Themen man sich interessiert, welche Links man anklickt, mit wem man befreundet ist. Das alles wird von Facebook genau betrachtet – und zu Werbezwecken eingesetzt. Und zwar weniger für die klassische Internetwerbeform, also Banner oder Anzeigen. Die sind in die rechte Spalte der Seite verbannt, dort, wo man selten hinschaut. Sie werden entsprechend wenig beachtet, wie Werbeexperten bemängeln. Es sind andere, neue Werbeformen, die bei Facebook erfolgreich sind. Werbeformen, wie sie beispielsweise Apple getestet hat.

Die iPod-Erfinder sind unter den Ersten, die auf dem noch jungen Facebook für sich Werbung machen. Ende 2004 gründet Apple eine Gruppe bei Facebook, in die Fans eintreten können, um sich über Apple-Produkte auszutauschen. Apple wiederum zahlt einen Dollar pro Mitglied pro Monat, mindestens aber 50 000 Dollar. Die Gruppe hat bald mehr Mitglieder, Facebook kassiert monatlich Hunderttausende Dollar von Apple. Und die wiederum sind mitten in ihrer Kernzielgruppe: junge Menschen, die mit ihren Altersgenossen mithalten müssen, die das neueste und coolste Gerät haben müssen und das Geld dafür haben. Leute, die Trendsetter sind und ihre Freunde davon überzeugen können, dass ein Produkt, eine Marke angesagt ist. Auch andere Firmen gründen Gruppen. Filme und Musik werden gezielt bei denen beworben, die unter ihren «Interessen» ähnliche Filme oder Bands angegeben haben.

Die Auswirkung der nächsten Idee, die Facebook hat, um Werbung auf den Seiten unterzubringen, ist mit Fiasko noch milde beschrieben. Die Idee heißt Beacon, englisch für Leuchtfeuer, und sorgt dafür, dass Partnerunternehmen von Facebook, vor allem Online-Shops, Zugriff auf die Daten von Facebook bekommen. Wenn jetzt ein Mitglied von Facebook etwas bei einem der Shops kauft, wird dieses gleich all seinen Freunden mitgeteilt. Zumindest dann, wenn man das kleine Menü übersieht, das einem die Möglichkeit gibt, der Seite das zu verbieten. Und so wird Facebook plötzlich von Meldungen überflutet, in denen dem gesamten Freundeskreis mitgeteilt wird, welche Schuhe, Kleidung oder Bücher man gekauft hat. Viele Mitglieder sind geschockt. Nicht nur, weil ganze Listen von Weihnachtsgeschenken von der ganzen Familie eingesehen werden können. Manche müssen sich auch unangenehme Fragen stellen lassen. So berichtet «The Washington Post» von einem Mann, der von seiner Frau gefragt wird, für wen denn der Ring bestimmt ist, den er im Sonderangebot gekauft hat. Natürlich war er für seine Frau, ganz sicher. Andere sehen den Kauf ihrer Kinokarten online, was wiederum misstrauische Fragen nach den Begleitern auslöst. Beacon war eine schlechte Idee, mangelhaft geplant und zudem nicht einmal von Werbekunden finanziert. Beacon wird schnell umgestellt – und Ende 2009 ganz beendet.

Dennoch denkt Facebook weiter darüber nach, wie es mit neuen Werbeformen Geld verdienen kann. Der entscheidende Anstoß dazu kommt aus dem Haus der Konkurrenz: Sheryl Sandberg ist eine der ersten Mitarbeiterinnen bei Google und hat dort das Anzeigengeschäft aufgebaut. Ende 2007 lernt sie Mark Zuckerberg kennen, der von ihr beeindruckt ist. Er fragt sie in einer langen Reihe von Gesprächen aus, versucht herauszufinden, wie sie arbeitet, was sie denkt. «Ich habe ihn nicht von meinem Sofa runter bekommen», wird Sandberg später über Zuckerberg sagen. Mehr als 50 Stunden, sagt Zuckerberg selbst, hat er mit ihr geredet, selbst auf einem Flug zum Weltwirtschaftsforum in Davos sitzen die beiden zusammen. Das wird Google später noch sehr missfallen, denn Zuckerberg fliegt mit der firmeneigenen Maschine, auf Einladung von Sergey Brin und Larry Page. Kurze Zeit später wird Sandberg den Job wechseln, nach rund acht Jahren Google verlassen und bei Facebook einen Vorstandsposten übernehmen. Sie wird sich darum kümmern, dass Facebook endlich Geld verdient – mit Anzeigen. Zuckerberg wird fortan wohl kaum noch bei Google mitfliegen.

Es ist der zweite Coup, den Zuckerberg innerhalb kurzer Zeit landet. Der erste: Microsoft beteiligt sich an Facebook. Im Oktober 2007 erwirbt Microsoft 1,6 Prozent der Anteile von Facebook und zahlt dafür 240 Millionen Dollar. Hochgerechnet heißt das also: Facebook ist zu diesem Zeitpunkt 15 Milliarden Dollar wert, Zuckerberg Milliardär. Wie realistisch diese Zahl ist, kann niemand genau sagen, denn diese Summe kam vor allem deshalb zustande, weil Microsoft das wertvolle Anzeigengeschäft bei Facebook nicht an Google verlieren wollte. Der Suchmaschinenkonzern wollte ebenfalls Anteile an Facebook kaufen, weshalb es zu einem Bieterwettstreit kam, bei dem Zuckerberg beide geschickt gegeneinander ausspielte. Den Ausschlag gab ein Besuch von Microsoft-Chef Steve Ballmer bei Facebook in Palo Alto. Das war ein Ritterschlag für den jungen Unternehmer und ein Zeichen dafür, wie ernst seine Firma knapp drei Jahre nach ihrer Gründung genommen wird.

Mit neuem Geld und einer Vizepräsidentin, die wie keine Zweite weiß, wie man im Internet mit dem Verkauf von Anzeigen Geld verdienen kann, kann sich Zuckerberg seinem nächsten Schritt widmen: Der Dienst wird zu einer Plattform.

Mehr als 60 Millionen Facebook-Mitglieder spielen Farmville, rund zehn Prozent der gesamten Mitgliederzahl. Andere stellen eine Weltkarte auf ihre Seite und markieren dort, wo sie im Urlaub gewesen sind. Mitglieder benutzen in Facebook integrierte Programme, um ihren Freunden die Möglichkeit zu geben, von ihnen hochgeladene Filme anzusehen oder Fotos von Freunden zu beschmieren, indem man ihnen zum Beispiel Bärte anmalt. Außerdem bauen sie Spendenseiten für Hilfsorganisationen. All das funktioniert, weil Facebook nicht mehr nur eine einfache Internetseite ist, sondern eine eigene Plattform.

Plattform heißt in diesem Fall, ein System zu schaffen, das es anderen Firmen oder Programmierern ermöglicht, ihre Anwendungen in Facebook zu integrieren. Es bedeutet, Schnittstellen zu öffnen, mit denen Programme und Spiele von Dritten so aussehen, als ob sie zu Facebook gehörten. Ein Facebook-Mitglied, das die Programme zulässt oder an den Spielen teilnimmt, erlaubt den Anbietern, auf die hierfür erforderlichen Nutzerdaten zuzugreifen.

Schon kurz nach dem Start von Thefacebook, der ersten Version also, spricht Zuckerberg davon, dass dies eine Plattform sein soll, für die andere Firmen Programme entwickeln können. Das klingt erst nach Utopie, denn als Plattformen gelten bis dahin die klassischen Betriebssysteme auf den Computern: Windows für den PC zum Beispiel oder Mac OS für Apple-Rechner. Eine Internetseite kann keine Plattform sein.

Am 24. Mai 2007 wird Zuckerberg das Gegenteil beweisen. Bei einer Veranstaltung in San Francisco, die er f8 nennt, eine Kurzform von fate (Schicksal), stellt er die Facebook-Plattform vor. Gleichzeitig sollen während des Events Programmierer in acht Stunden kleine Programme schreiben. Die Veranstaltung ist ein

Erfolg, auch weil die Plattform gleichzeitig online geht und den Facebook-Mitgliedern und -Skeptikern zeigt, was damit möglich ist. Inzwischen gibt es Tausende kleiner Anwendungen für Facebook, so genannte Apps, wie sie auch Apple auf dem iPhone und iPad entwickeln lässt.

Aus Facebook eine Plattform zu machen, ist ein geschickter Schachzug. Facebook stellt das Grundgerüst an Technik und eine riesige Zahl potentieller Anwender, die angemeldeten Mitglieder. Gleichzeitig aber entwickeln Hunderte von kleinen Firmen und Privatpersonen Anwendungen und Programme, die nur auf Facebook funktionieren. Wenn sie gut sind, werden sie die Mitglieder beschäftigt halten – wie es der riesige Erfolg von Farmville zeigt. Davon profitieren sowohl die Plattform als auch die Entwickler. Sie bilden ein gemeinsames System, in dem jeder auf den anderen angewiesen ist; gleichzeitig sind sie gemeinsam deutlich stärker als allein. Für Facebook-Nutzer hat dies den Vorteil, dass die App-Entwickler die Plattform um Dinge erweitern, an die Facebook nie gedacht hätte – oder die sie einfach besser können.

Über eine Million Webseiten benutzen bereits eine Anbindung an Facebook. Am beliebtesten ist der «Like»-Button, der «Gefällt mir»-Knopf. Er kann mit wenig Programmiergeschick auf jeder Webseite eingebunden werden. Besucht nun ein Facebook-Nutzer diese Seite und drückt den Knopf, erfahren alle seine Freunde sofort davon, denn die Aktion wird auf ihrer Nachrichtenseite in Facebook angezeigt. Es ist eine gute Möglichkeit, um seine Seite im Netz bekannt zu machen, aber auch ein Einfallstor für Werbung, die so bestens funktioniert: Je näher man den kennt, der einem ein Produkt empfiehlt, indem er einen zum Beispiel dazu auffordert, ebenfalls den «Gefällt mir»-Knopf einer Seite zu drücken, desto besser ist das für das Produkt.

200 Millionen Mitglieder hat Facebook am 8. April 2009, 160 Tage später sind es bereits 100 Millionen mehr, 143 Tage darauf sind es 400 Millionen und am 21. Juli 2010 tritt der 500-millionste Mensch dem Netzwerk bei. Das sind etwas mehr als sieben Prozent der gesamten Erdbevölkerung, mehr als Europa Bewohner hat. Es sind sechs Mal die Bewohner Deutschlands oder die US-Amerikaner und Brasilianer zusammengenommen. Kurz: eine unvorstellbar große Anzahl an Menschen.

Gleichzeitig sagt die Firma, dass sie seit September 2009 tatsächlich Gewinne einfährt. Es wäre also alles gut, wenn nicht ein paar Flecken die weiße Weste trüben würden. Und die sind hauptsächlich verursacht durch das sehr freie Verhältnis von Zuckerberg zum Datenschutz.

Facebook will mehr Nutzer, will expandieren. Als Erstes sind Kooperationen mit Handy-Herstellern geplant, die so genannte Facebook-Handys herausbringen sollen. Geräte, die eng verzahnt sind mit Facebook und die, so steht zu befürchten, einen Teil der Daten an Facebook abgeben, damit Facebook seine Benutzer noch besser kennenlernt. Irgendwann, so sagt Zuckerberg, würde ihn auch die Konzeption eines eigenen Betriebssystems reizen. Das wäre die konsequente Fortentwicklung der Plattform, die Facebook bereits jetzt ist. Es wäre das Ausschalten der Konkurrenz, das Einsperren der Facebook-Nutzer in ein geschlossenes System, in dem Zuckerberg die Regeln vorgibt, in dem mit Facebook-Credits, einer Facebook-Währung, gezahlt wird und in dem Facebook alles über uns und unsere sozialen Kontakte weiß. Der nächste Schritt heißt Facebook-Places, ein Dienst, der Mitte 2010 in den USA eingeführt wird und seit 5. Oktober 2010 auch in Deutschland und der Schweiz verfügbar ist. Das Facebook-Mitglied kann sich von unterwegs bei einer bestimmten Location «anmelden» und so seinen Freunden zeigen, an welchem öffentlichen Ort er sich gerade aufhält: ob er in einem Restaurant sitzt, in einem Fußball-stadion oder einer Konzerthalle, in einem Park oder durch eine Straße schlendert. Das funktioniert mithilfe einer speziellen App auf dem Handy oder durch Einwahl auf einer bestimmten Inter-netseite.

Man teilt es damit aber nicht nur seinen Freunden mit, son-dern auch den Werbepartnern von Facebook und jedem, der über ein Programm auf Facebook und die Daten der Nutzer zugreifen kann. Der Dienst ist ein weiteres Geschenk für Werbende. Denn was ist praktischer als zu wissen, dass ein potentieller Kunde gerade zwei Häuser weiter beim Essen sitzt. Kann er doch danach noch auf einen Kaffee vorbeischauen oder einkaufen.

Alle Informationen, welche die Nutzer Facebook geben, werden dort gespeichert, selbst über die Abmeldung hinaus. Wer wirklich möchte, dass seine Daten beziehungsweise sein gesamtes Profil ge-löscht werden, muss einen komplizierten Weg gehen. Um es uns einfach zu machen, wiederzukommen, wie Facebook sagt. Um die Daten weiter zu verwerten, wie Kritiker sagen. Facebook hat un-sere Daten übrigens meist auch schon vor der Anmeldung: Sobald jemand nach uns sucht, wird der Name gespeichert, wenn man sich dann anmeldet, bekommt man gleich bekannte Gesichter vor-geschlagen – automatisch. Das ist unheimlich, bis man erfährt, dass Facebook die Adressbücher von Mitgliedern ausliest, um Freunde zu finden – und die Daten dann schon mal behält. Das Unheimliche wird noch unheimlicher.

Es geht darum, uns das Leben einfacher zu machen, aber es geht auch darum, uns transparent zu machen, eine Online-Identität zu schaffen, die wir nicht nur bei Facebook, sondern auch bei anderen Diensten einsetzen können.

«Wir haben beschlossen, dass das jetzt die sozialen Normen sind. Und dann haben wir es eben gemacht.» So erklärt Mark Zuckerberg, warum Facebook mit einem Handstreich die Datenschutzeinstellungen seiner Benutzer ändert. Sind bis Ende 2009 nur Name und Netzwerk standardmäßig über Suchmaschinen einsehbar, so sind es jetzt auch Fotos, Freundeslisten und Firmen oder Produkte, die man gut findet. Das lässt sich ausschalten, doch solange man die entsprechenden Einstellungen nicht vornimmt, sind diese Informationen für jeden einsehbar. Zuckerberg verweist auf die Blogger, die teilweise Privates im Netz veröffentlichen, auf immer mehr Menschen, die sich selbst ins Rampenlicht stellen, die im Internet bekannt, berühmt werden wollen. Und er vergisst, dass die lautesten nicht immer die Mehrheit sind, dass Facebook vor allem deshalb so groß geworden ist, weil sich die Menschen in ihren kleinen Freundeskreisen auch im Netz wiederfinden – und sich eben nicht öffentlich zeigen wollen.

Zuckerberg geht davon aus, dass jeder so denkt wie er, dass es jedem egal ist, ob seine besten Freunde die Fotos von der letzten wilden Party sehen. Den meisten Menschen ist das aber nicht egal. Sie teilen die Fotos gerne mit ihren Kumpeln, aber schon die Eltern müssen das nicht mehr unbedingt sehen, noch viel weniger die Kollegen oder gar der Arbeitgeber. Dinge, die einem Mittzwanziger, der noch nie in einem Angestelltenverhältnis gearbeitet hat, wahrscheinlich einfach nicht bewusst sind und die er sich gar nicht vorstellen kann.

Nach heftigen Protesten hat Facebook die Einstellungen für die Privatsphäre erneut geändert. Inzwischen kann man recht genau steuern, wer welche Informationen zu sehen bekommt. Doch dafür braucht man Zeit und Geduld, denn einfach zu verstehen sind diese Kontrollmechanismen nicht. Es ist zu befürchten, dass viele Nutzer von Facebook deshalb auf ihren Einsatz verzichten.

Facebook tauscht Nutzerdaten mit Partnerfirmen, verkauft Werbefirmen die Profile von Personenkreisen, die manchmal nur 20 bis 30 Menschen umfassen. Ermittelt werden sie anhand verschiedener Merkmale, die von den Werbenden vorgegeben werden. Die Firma lässt es zu, dass Entwickler, die kleine Programme für Facebook schreiben, ebenfalls an die Daten kommen, wenn die Nutzer diese Programme installieren. Zwar wird darauf hingewiesen, dass Daten übertragen werden, doch der Nutzer kann nicht mitbestimmen, welche er freigeben will und welche nicht. Das heißt: Entweder er nutzt das Programm und stimmt der Dateneinsicht zu, oder aber er entscheidet sich dagegen und installiert das Programm nicht.

Manchmal hilft auch das nicht, wie sich im Oktober 2010 zeigt. Da stellt sich heraus, dass einige dieser Apps nicht nur die Daten ihrer Nutzer, sondern auch die ihrer Freunde auslesen. Die Betreiber verkaufen sie dann an Datensammler weiter. Darunter befindet sich auch die Bauernhofsimulation Farmville, die mehr als 50 Millionen Facebook-Mitglieder nutzen.

Alles das dient natürlich nur dazu, das Erlebnis Facebook zu verbessern.

In Wirklichkeit aber ist aus dem sozialen Netzwerk Facebook inzwischen eine Plattform geworden, die daraufhin optimiert wird, dass möglichst viel Werbetreibende an die Daten der Nutzer kommen und dass Facebook immer besser sehen kann, was seine Nutzer im Netz machen. Facebook will seine sozialen Strukturen im Netz verbreiten. Das bedeutet, auf so vielen Seiten wie möglich einen «Gefällt mir»-Knopf anzubringen und dadurch Produktempfehlungen zu geben. Sozial heißt bei Facebook inzwischen, möglichst viel zu konsumieren – eine Entwicklung, die sehr an Aldous Huxleys Vision in «Schöne neue Welt» erinnert. Ob Zuckerberg damit durchkommt, ist eine Frage, die sich in den nächsten Jahren beantworten wird.

Twitter: das Nachrichtendauerfeuer

Gezwitscher, wie bei den Vögeln: Twitter hat seinen englischen Namen mit Bedacht gewählt. 140 Zeichen darf eine Twitterbotschaft umfassen, das sind 20 weniger als bei einer SMS und genau so viel, wie in diesem Satz vorkommen. Wie ein vielstimmiges Konzert eines Spatzenschwarms kommt Twitter über uns, Meldung über Meldung im Sekundentakt. Wichtiges, Unwichtiges, Berührendes, Lustiges, Uninteressantes, Geschmackloses: Twitter ist auf den ersten Blick so, als ob man durch eine Fußgängerzone geht und von den Gesprächen der anderen Menschen immer einen Satz mitbekommt: verwirrend, nervtötend und gelegentlich spannend. Twitter ist ein so genannter Micro-Blogging-Dienst. Jeder, der sich anmeldet, kann dort kurze Sätze oder kleine Botschaften veröffentlichen – und hoffen, dass sie gelesen werden.

Twitter ist kurz, schnell und erst einmal fürchterlich unübersichtlich. Kurze Texte laufen aus der ganzen Welt zusammen, von der Meldung, dass gerade der Toast verbrannt ist, bis zum Flugzeugabsturz mit 300 Toten: Alles ist gleich lang, alles erst einmal gleich wichtig, denn Twitter sortiert nicht, was über den Dienst gesendet wird. 65 Millionen Mal im Monat werden Nachrichten über Twitter geschickt. 41 Prozent davon, so eine Untersuchung einer Forschungsgruppe, sind «sinnloses Geplapper», nur vier Prozent echte Nachrichten. Es ist eine gewaltige Menge an Information, gleich einem Rauschen, für niemanden zu fassen. Zum Glück gibt es die Möglichkeiten zu filtern, sich Beiträge zu verschiedenen Themen anzeigen zu lassen, Personen zu suchen, deren Beiträge man regelmäßig lesen möchte und sozusagen abonniert. Oder wie es bei Twitter heißt: ein Follower zu werden, ein Anhänger.

Twitter ist eine Firma, die erst noch die Versprechen erfüllen muss, die sie den Nutzern und ihren Geldgebern gibt. Im Herbst 2010 ist Twitter vor allem ein Medienthema, ein Hype, wie es ihn vorher um so verschiedene Angebote wie Google und Facebook gab, aber auch um inzwischen der Vergessenheit anheimgefallene Projekte wie das 3-D-Netzwerk «Second Life».

Ob Twitter weiter bestehen wird und in welcher Form, hängt zu einem großen Teil davon ab, ob es sich finanzieren kann – und damit sicherlich auch von der Geduld, die die Investoren haben. Wie groß die sein wird, weiß noch niemand. Aber das ist nicht verwunderlich, schließlich ist die Firma gerade einmal fünf Jahre alt.

Es ist der 21. März 2006, an dem Jack Dorsey in San Francisco eine folgenreiche Nachricht verschickt: «Just setting up my twttr.» («Ich richte gerade mein twttr ein.») Kurze Zeit zuvor gab es ein Treffen der Mitarbeiter von Odeo, einer Software-Firma, die nach neuen Geschäftsideen suchte. Twttr ist eine dieser Ideen. Dem Trend des Jahres folgend wird es noch ohne Vokale geschrieben, wie bei flckr, dem zu der Zeit rasant wachsenden Foto-Netzwerk. Kurz und knapp ist der Name – und auch die Botschaften, die über den bald Twitter genannten Dienst verschickt werden können. Vorbild ist die SMS.

Eine SMS lässt uns 160 Zeichen, um Bekannten und Freunden etwas mitzuteilen, für das sich ein Anruf nicht lohnt, was man aber für mitteilenswert hält. Per SMS kann man Verabredungen treffen, kurze Statusberichte durchgeben. Was, so fragt sich Twitter-Gründer Jack Dorsey, wenn man dieses Prinzip auf das Netz übertragen könnte? Wenn man genau diese Statusberichte abgeben und nicht nur einem, sondern allen seinen Freunden gleichzeitig mitteilen könnte? Twitter ist geboren. Die Beschränkung auf 140 Zeichen ist dabei der Technik der Handys geschuldet, auf denen Twitter ebenfalls laufen soll. Es ist aber auch eine Beschränkung, um die Benutzer zu erziehen und sie zu zwingen, sich kurz zu fassen. Sie sollen schon beim Schreiben Wichtiges von Unwichtigem trennen. Kurz fassen tun sich die Benutzer – das aber im Wichtigen wie im Unwichtigen. Twitter startet den Dienst und sammelt Risikokapital, auch Amazon-Gründer Jeff Bezos beteiligt sich.

Mitte 2006 geht Twitter in einer ersten Version ans Netz und wird stetig weiterentwickelt. Doch die Nutzerzahlen steigen nur langsam. Etwa 20 000 Tweets, wie die einzelnen en genannt werden, werden täglich versandt. Das sind zu wenige, um das zu erreichen, was Twitter will: groß werden. Das ändert sich auf einem Musik- und Kulturfestival in der texanischen Hauptstadt Austin. Twitter stellt sich dort einem Publikum, das aus vielen Journalisten, Bloggern und Trendsettern besteht. In wenigen Tagen steigt die Zahl der Tweets auf 60 000. Sie wird nicht mehr zurückgehen.

Twitter wird zu einem neuen Liebling der Medien, löst Google und Facebook ab und hat doch ein substantielles Problem, das bis

Herbst 2010 nicht gelöst ist: Twitter kostet Geld und nimmt kaum welches ein. Es ist unklar, womit Twitter eigentlich Geld verdienen will. Ein internes Papier, das zufällig nach außen dringt, verspricht für das Jahr 2012 einen Gewinn von rund 1,5 Milliarden Dollar. Doch woher der kommen soll, ist unklar. Spekulationen reichen von dem direkten Verkauf von Produkten über die Seite bis zu Werbung. Dem steht allerdings entgegen, dass viele der Twitter-Nutzer gar nicht auf die Seite von Twitter gehen, sondern sich die Tweets auf ihrem Handy anzeigen lassen oder kleine Zusatzprogramme auf ihrem Rechner laufen haben, die die aktuellen Nachrichten anzeigen. Und auf all diese Dienste hat Twitter keinen Zugriff, die Firma kann hier keine Werbung schalten.

Auch deshalb gibt sich Twitter im Herbst 2010 ein neues Gewand. Viele Dienste, die bisher von externen Programmierern zur Verfügung gestellt werden, sind nun direkt in die Twitter-Seite integriert. Verlinkte Fotos oder Videos werden direkt in die Seite eingebunden und in einer Spalte rechts von den eigentlichen Botschaften gezeigt. Es ist ein Versuch, diejenigen Nutzer wieder auf die eigene Seite zu holen, die sie seit Monaten nicht mehr gesehen haben, weil sie über Handys oder kleine Extraprogramme darauf zugreifen. Sie verhindern damit, dass Twitter mit ihnen Geld verdienen kann. Das soll sich ändern. Twitter will endlich Werbung verkaufen.

Geld will man auch mit den Inhalten machen, die auf Twitter publiziert werden. Wenn die Tweets an anderen Orten gezeigt und dort mit Werbung versehen werden, will Twitter eine Lizenzgebühr verlangen. Wie das aussehen soll, ist fraglich. Noch fraglicher ist, dass laut dieser Idee Twitter und der Verwerter des Tweets sich die Erlöse teilen sollen, der eigentliche Autor aber nichts bekommt. Im Frühjahr 2010 starten gesponserte Tweets, gekauft von Firmen, die darauf für Fernsehserien werben, Getränke oder Sportveranstaltungen. Es sind Versuche, wie Evan Williams, bis Herbst 2010 Chef von Twitter, fast hilflos auf Nachfragen erklärt. Sein Nachfolger Dick Cotolo wird bessere Erklärungen liefern müssen.

Twitter hat auch ein anderes Problem: Es ist für jeden, der den Dienst zum ersten Mal anschaut, vor allem eins: fürchterlich unübersichtlich, was sich auch mit der Neugestaltung der Seite nicht änderte. Im Gegenteil: Sie scheint noch konfuser. Twitter ist so verwirrend, dass die überwiegende Anzahl der Internetnutzer kein zweites Mal auf die Seite schaut. 70 Prozent der Deutschen, die sich einen Twitter-Account angelegt haben, kehren nicht zurück, das schätzen die Marktforscher von Nielsen; weitere rund 15 Prozent geben nach dem dritten Besuch auf. Ähnliche Zahlen finden sich in den USA. Nur fünf Prozent der Nutzer, so heißt es dort, sorgen für 75 Prozent der Beiträge.

Und doch ist Twitter ein großes Thema in Zeitungen und Zeitschriften. Wohl auch, weil es für Medien gleichzeitig unheimlich und doch sehr nahe ist. Twitter ist ein Werkzeug, um Nachrichten zu verbreiten. Schneller, als es jede Webseite oder gar Zeitung kann. Immer mehr Geschehen auf der Welt werden zuerst über Twitter gemeldet, so zum Beispiel die Notwasserung eines Passagierjets im New Yorker Hudson River. Prominente haben ihre eigenen Tweets und versorgen ihre Fans mit Neuigkeiten und manchmal auch mit Schimpfkanonaden.

Twitter wird in Australien benutzt, um die Bevölkerung vor Waldbrandgefahr zu warnen, es wurde von Barack Obama während seines Präsidentschaftswahlkampfes benutzt, um seine Helfer und Anhänger zu mobilisieren. Der russische Präsident Medwedew besuchte eigens die Twitter-Zentrale in San Francisco, um einen Twitter-Feed, also einen Nachrichtenkanal, der russischen Regierung zu eröffnen. Twitter ist das ideale Medium, um seinen Kunden, seinen Anhängern und dem Rest der Welt zu beweisen, dass man auf der Höhe der Zeit ist, dass man die neuen Medien verstanden hat. Zumindest will man das gerne glauben. Denn ob das, was man schreibt, tatsächlich gelesen wird, ist eher fraglich. Twitter werden bald Wunder nachgesagt, Revolutionen sollen darüber organisiert, Nachrichtenseiten ersetzt werden. Dass solche Aussagen mit Vorsicht zu genießen sind, werden wir später noch sehen. Feststellen aber lässt sich schnell, dass Twitter eine ideale Plattform für Selbstdarsteller ist, die mit einem schnellen Scherz oder einem kessen Spruch schnell twitterweit bekannt werden.

Dennoch: An Twitter lassen sich Trends ablesen, Nachrichten herausfiltern, die viele Nutzer interessieren, Themen finden, die bisher keine waren. Und doch bleibt Twitter eine Maschine, die Unmengen von Daten produziert, die nur wenige Menschen interessieren. Die überflüssig sind und durch die man sich durcharbeiten muss, wenn man etwas tatsächlich Interessantes finden möchte. Twitter wird für die meisten Menschen ein Dienst bleiben, den sie nur eingeschränkt nutzen können und wollen. Doch in wenigen Fällen hat er einen Nutzen. Deshalb wird es interessant sein zu sehen, was aus Twitter in fünf Jahren geworden ist.

Apple: die iFirma

«Die Produkte sind nicht mehr sexy», das sind die ersten Worte, die Steve Jobs sagt, nachdem er zu Apple zurückgekehrt ist – so heißt es zumindest in den Legenden des Silicon Valley. Bei Apple war er bekannt und berühmt geworden, er hat wiederum die Firma bekannt und berühmt gemacht. Im Jahr 1985 musste er sie im Streit verlassen. Zehn Jahre später geht es Apple schlecht. Die Computer haben ihre Magie verloren, sind fehlerhaft und langsam, die früher so klaren Produktlinien verwässert. Apple bringt zu viele verschiedene Geräte auf den Markt, weiß nicht mehr, wie es weitergehen soll. Apple braucht einen neuen Kurs, einen neuen Kapitän. Es wird der alte werden: Steve Jobs.

1996 kehrt er zurück und wird Apple in den nächsten Jahren von Grund auf umbauen. Er wird aus dem ewigen Zweiten im Computerbereich, dem Liebling der Grafiker und Journalisten, eine Firma machen, die zuerst den Musikmarkt komplett verändert, dann den Handymarkt aufmischt und sich schließlich aufmacht, auch noch den Buch- und Zeitungsmarkt in ein neues Zeitalter zu bringen – und sich nebenbei noch ein Stück vom Anzeigenkuchen zu holen. 2010 steht Apple besser da als je zuvor. Und das ist dem Menschen zu verdanken, der inzwischen fast zum Mythos geworden ist. Der, der mit einem schwarzen Rollkragenpullover auf der Bühne steht und neue Produkte ankündigt, als ob er gerade die Zehn Gebote von Gott erhalten hat. Der, der als einer der großen Heilsbringer der Wirtschaft gilt: Steve Jobs.

Steven Paul Jobs, so sein voller Name, wird 1955 in San Francisco geboren. Seine leiblichen Eltern, ein unverheiratetes Studentenpaar, geben ihn zur Adoption frei. Mit seinen Adoptiveltern, deren Namen er trägt, zieht er nach Mountain View, einer kleinen ländlichen Stadt am Südende der San Francisco Bay. Heute liegt der Ort mitten im so genannten Silicon Valley, Google hat hier seine Zentrale. Mitte der 50er Jahre ist davon noch wenig zu sehen, auch wenn mit der Shockley Semiconductor Company gerade die Firma eine Fabrik errichtet, die dem Silicon Valley (Silizium-Tal) zum

Namen verhelfen wird. Silizium ist der Stoff, der für die Produktion von Halbleitern gebraucht wird.

Jobs ist ein schwieriges Kind. Ein Lehrer besticht ihn mit Süßigkeiten und Geld, damit er weiter zur Schule geht, erinnert er sich: «Ohne ihn wäre ich sicher irgendwann im Gefängnis gelandet.» Ein abgebrochenes Studium, ein kurzer Job beim Videospielhersteller Atari und eine Indienfahrt zur spirituellen Einkehr schließen sich an. Jobs ist ein typischer Jugendlicher der frühen 70er Jahre. Er ist zu spät dran, um ein Hippie zu werden, und zu früh für einen Punk. Jobs ist 21, als er den fünf Jahre älteren Steve Wozniak trifft, einen Computertüftler, der seine Rechner selbst zusammenbaut. Gemeinsam gründen sie eine Firma, die Computergeschichte schreiben wird. Sie nennen sie Apple, Apfel. Zu der Zeit habe er nur Obst gegessen, sagt Jobs, und das habe ihn zu dem Firmennamen inspiriert. Wozniak dagegen sagt, Jobs habe in den Ferien auf einer Apfelplantage gearbeitet, so sei der Firmenname entstanden.

Die Geschichte von Apple ist so voller Klischees, dass man sich kaum traut, sie zu erzählen. Sie handelt von Steve Jobs, der seinen VW-Bus verkauft, um das Geld in Apple zu stecken, von Steve Wozniak, seinem Partner und Computer-Guru, der die ersten Apple-Computer selbst zusammenbaut. Sie handelt von der sprichwörtlichen Garage im Silicon Valley, in der die ersten Apple-Rechner per Hand gebaut werden und von einem phänomenalen Börsengang. Sie handelt aber auch von Selbstüberschätzung und von falschen Entscheidungen, von persönlichen Eitelkeiten und Streitereien.

Die Geschichte beginnt offiziell am 1. April 1976, als Steve Jobs, Steve Wozniak und Ronald Wayne eine Firma gründen, um den Apple I zu verkaufen, einen frühen Heimcomputer, von dem ungefähr 200 Stück hergestellt werden. Eine richtige Firma wird Apple ein dreiviertel Jahr später, am 3. Januar 1977. Jobs und Wozniak teilen sich Apple, Wayne steigt aus und gibt seine Anteile ab. Für seinen Anteil von zehn Prozent bekommt er 800 Dollar, ein halbes Jahr später wird er noch einmal 1500 Dollar dafür erhalten, keine Ansprüche mehr gegen Apple zu haben. Wayne lebt heute in einer kleinen Stadt in Nevada, verkauft alte Münzen und Briefmarken und wird wohl versuchen, nicht an die 13,6 Milliarden Dollar zu denken, die seine Anteile heute wert wären.

Am 5. Juni 1977 beginnt der Verkauf des Gerätes, das Apple bekannt machen wird: der Apple II, einer der ersten Heimcomputer. Er ist leicht zu bedienen, mit simpler Software ausgestattet und hat vor allem ein überzeugendes Design. Bis 1993 er wird in verschiedenen Versionen gebaut und verkauft. Mehr als fünf Millionen Geräte gehen in dieser Zeit über den Ladentisch.

Ende 1980 folgt Apples Börsengang. Die Firma schreibt damit Geschichte: Über 300 Mitarbeiter des Unternehmens werden auf einen Schlag zu Millionären. Seit dem Börsengang von Ford 1956 hat kein anderes Unternehmen so viel Kapital in so kurzer Zeit machen können. Doch langsam beginnen die Probleme, auch wenn sich das erst Ende des Jahrzehnts wirklich zeigen wird. Zwei rivalisierende Gruppen innerhalb der Firma arbeiten an verschiedenen Produkten.

Unter Steve Jobs entsteht der Macintosh-Computer, der Name ist inspiriert von den Lieblingsäpfeln eines der Designer, es wird der erste Heimcomputer sein, der nicht nur eine Tastatur, sondern auch eine Maus als Eingabegerät besitzt. Eine andere Entwicklergruppe entwirft den Apple Lisa. Er kommt noch vor dem Macintosh auf den Markt und ist damit der erste Heimcomputer mit einer grafischen Benutzeroberfläche, wie wir sie heute kennen. Doch

Lisa ist zu teuer und verkauft sich nicht. Der 1984 erscheinende Macintosh dagegen profitiert von einem 1,5 Millionen Dollar teuren Werbespot, den Regisseur Ridley Scott dreht und der während des Super Bowls zum ersten Mal gezeigt wird. Das ist das Endspiel der amerikanischen Football-Liga, eines der größten Sportereignisse des Jahres mit den entsprechenden Einschaltquoten. Doch auch die Verkäufe des Macintosh entsprechen nicht den Erwartungen von Apple.

Erstes Opfer der mäßigen Verkäufe ist Steve Jobs, der 1985 einen Machtkampf mit dem damaligen Apple-Chef John Sculley verliert und aus der Firma ausscheidet. Die Ironie dabei: Jobs hat den ehemaligen Pepsi-Cola-Chef selbst in die Firma geholt. Und das mit einer bis heute legendären Frage: «Willst du lieber bis ans Ende deines Lebens Zuckerwasser verkaufen oder die Welt verändern?» Zwei Jahre später wünscht sich Jobs wahrscheinlich, dass Sculley beim Zuckerwasser geblieben wäre.

Die Auswirkungen von Jobs Ausscheiden werden erst viel später deutlich, denn Jobs war nicht nur für die Entwicklung verschiedener Produkte zuständig. Er entwickelte auch das, was Apple heute noch zu einer Marke mit großer Strahlkraft macht. Er legte schon damals großen Wert auf das Design der Produkte, holte dafür sogar den Industriedesigner Hartmut Esslinger an Bord. Der hatte schon für Sony preisgekrönte Gehäuse entworfen und gab jetzt Apple ein Gesicht. Er verließ die Firma zusammen mit Jobs.

Die Probleme von Apple beginnen Anfang der 90er Jahre: Mit dem Siegeszug von Microsoft und dem Windows-Betriebssystem wird das Apple-System immer mehr vom Markt gedrängt. Die Konkurrenzprodukte können leichter an die Wünsche der Käufer angepasst werden, unterliegen durch ein offeneres Betriebssystem weniger Beschränkungen und sind meist deutlich billiger als die hochpreisigen Apple-Rechner.

Die machen zudem Mitte der 90er Jahre durch fehlerhafte Komponenten zunehmend Probleme. Das missfällt auch und besonders den Fans der Marke. Zeit für eine Wende, Zeit für den zweiten Auftritt von Steve Jobs. Der macht aus einer Computerfirma, die auf dem absteigenden Ast ist, eine Firma, die den Medienkonsum revolutioniert. Oder besser gesagt: die Technik dafür liefert. In der Zwischenzeit hat er mit einer anderen Firma eine Revolution im Filmgeschäft durchgeführt. Mit Pixar hat er dem am Computer animierten Film zum Durchbruch verholfen.

«Das hat Steve so geplant.» Wer in den Studios von Pixar eine Führung macht, wird den Namen Steve häufiger hören. Steve, das ist Steve Jobs, der Gründer von Pixar. Der Mann, der nach seinem Abschied von Apple zunächst eine Firma namens NeXt gründet, die ein neues Betriebssystem entwickeln sollte, als Konkurrenz zu Apple. Der Mann, der dann von George Lucas ein Filmstudio für computeranimierte Filme kauft und daraus eines der bekanntesten und innovativsten Studios für Animationsfilme macht: Pixar, das mit «Toy Story», «Findet Nemo» oder «Monster AG» einige der bedeutendsten und schönsten Animationsfilme der letzten Jahre erstellte und außerdem dafür sorgte, dass diese Art von Filmen einem größeren Publikum bekannt wurde.

Steve Jobs hat Pixar nicht nur gegründet, er hat auch die Firmenkultur geprägt. Er hat die Pläne eines Studio-Neubaus in Emeryville mit entworfen, das gegenüber San Francisco auf der anderen Seite der Bay liegt. Er hat dafür gesorgt, dass die Toiletten in der Lobby zentral gelegen sind, so dass sich die Mitarbeiter immer wieder über den Weg laufen können, Gespräche führen und so Ideen entwickeln.

Design, das ist für Steve Jobs nicht nur das Aussehen von Dingen, es ist ein gesamtheitliches Bild, das alles einbezieht und das vor allem: eine Funktion hat. Wie eben der zentral gewählte Ort der Toiletten bei Pixar.

Ein weiterer Aspekt findet sich bei den Pixar-Studios, der später auch bei Apple wiederkehren wird: Geheimhaltung. Wer Pixar besucht, muss schon vor dem Gebäude seine elektronischen Geräte ablegen. Die Studiotour beschränkt sich darauf, eine Treppe hinaufzugehen, einen Flur zu durchqueren und auf der anderen Seite wieder herunterzukommen. Von der eigentlichen Arbeit, von den Menschen, die hier sind, bekommt man nichts mit. Geheimhaltung ist wichtig, wenn man die Menschen überraschen will. Und das will Steve Jobs, Überraschungen sind eine der Grundlagen seiner Arbeit, auch bei Apple, und ein Grund für seinen Erfolg.

Geheimhaltung wird auch in Cupertino großgeschrieben, eine gute Autostunde südlich von Emeryville gelegen. Dort hat Apple seine Zentrale. Die Adresse: Infinite Loop, der unendliche Kreis oder eine Endlosschleife in einem Computerprogramm. Hier spiegelt der Name die Straßenführung wider, die einmal rund um das Apple-Gebäude verläuft. Das wirkt wie eine Burg, die von parkenden Autos umzingelt ist. Unnahbar, verschlossen, keine Geheimnisse sollen nach außen dringen. Und das funktioniert auch meistens. Die Angst vor Steve Jobs oder der Respekt vor ihm sorgen dafür. Diesen Respekt musste er sich erarbeiten.

Als Jobs zu Apple zurückkehrt, sieht er eine schwächelnde Firma. Sie hat sich weit von den Idealen wegbewegt, die er dort eingeführt hatte und die die Firma in den ersten Jahren ausgemacht hatten. Er kommt zurück, um die Firma dahin zurückzubringen. Und dafür hat er unkonventionelle Ideen.

«Apple war in den 80er Jahren eine der besten Marketingfirmen», sagt Ex-Apple-Chef John Sculley. Und damit hat er recht. Denn so gut die Rechner sind: Vieles von dem, was Apple ausmacht, ist das Image, die durchdachte Verarbeitung der Geräte, das Design und auch die Einfachheit, mit der die Geräte bedient werden können. Es ist die Verpackung, die einem das Gefühl gibt, etwas Besonderes erworben zu haben, und es ist die Werbung, die Computer nicht als Arbeitsgeräte verkauft, sondern als Lifestyle-Produkte. Apple-Rechner sind Geräte, die man vorzeigen möchte und nicht verschämt unter dem Schreibtisch versteckt.

Das, so weiß Jobs, muss wieder so sein, wenn Apple eine Chance haben will gegen die übermächtigen PCs, die mit Windows laufen. Gleichzeitig sucht er nach neuen Feldern, auf denen Apple Geschäfte machen kann. Der Computer, so glaubt Jobs, wird immer mehr vom Arbeitsgerät zu einem Gerät werden, das man in seiner Freizeit benutzt, mit dem man Videos bearbeitet und anschaut oder Musik lagert und abspielt. «Digital Hub» ist das Stichwort, unter dem diese Strategie zusammengefasst wird: digitales Zentrum.

Auf dem Computer soll alles gespeichert und bearbeitet werden, verschiedene Geräte können dann von dort Daten holen, die sie abspielen.

Im Zentrum steht der iMac. Der erste Computer, der serienmäßig ein buntes Gehäuse hat und in seiner Eierform freundlich wirkt, nach Spaß aussieht und nicht im üblichen Computergrau Trübsinn ausstrahlt. Der iMac hat nur einen Fehler: In einer Zeit, in der die Musik zunehmend digitalisiert wird, besitzt er keinen CD-Brenner. Dabei ist es doch das, was die Menschen wollen: Musik zusammenstellen, auf CD brennen und ihren Freunden weitergeben.

Jobs gibt den Fehler zu. Er hat darauf gesetzt, dass Menschen ihre Urlaubsvideos am Rechner bearbeiten wollen, nicht Musik hören. Das korrigiert er so schnell wie möglich. Die nächste Generation von iMacs hat einen CD-Brenner. Zusätzlich veröffentlicht Apple eine Software, die Musik nicht nur abspielen, sondern auch sortieren kann. Sie heißt iTunes und wird bald darauf den Vertrieb und den Konsum von Musik revolutionieren, gemeinsam mit ihrem Hardware-Pendant, dem iPod.

Verkäufe von CDs gehen zurück, Musik wird zunehmend im Internet getauscht, Tauschbörsen wie Napster haben Hochkonjunktur. Die Musikindustrie findet kein Mittel dagegen. Apple hingegen will davon profitieren, denn es muss ein Gerät geben, das diese Dateien auch abspielt; Computer sind nur für den stationären Gebrauch gut und spätestens seit dem Siegeszug von Sonys Walkman 20 Jahre zuvor ist klar: Viele Menschen wollen Musik unterwegs hören, im Auto, im Zug, beim Spazierengehen und Joggen.

MP3-Player sind gefragt. MP3 ist ein Dateiformat, in dem Musik komprimiert gespeichert werden kann. Wer eine CD in MP3s umwandelt, verkleinert die Dateien auf ungefähr ein Zehntel ihrer Ursprungsgröße. Das ist ideal, um sie auf kleinen Festplatten zu speichern und mitzunehmen. Das Problem der meisten MP3-Player: Sie sind unpraktisch, schwer zu bedienen, die Anzeige ist schlecht lesbar oder die Knöpfe sind zu klein. Apple will das ändern und erfindet den iPod.

5000 Lieder passen auf den ersten iPod, unvorstellbar für Menschen, die vorher tragbare CD-Player hatten. Er ist etwas größer als ein Kartenspiel und hat eine vergleichbare Form. Mit einem von Apple entwickelten Anschluss können ganze Musiksammlungen in kürzester Zeit auf das Gerät übertragen werden. Das ist ein großer Vorteil gegenüber den meisten anderen Abspielgeräten, bei denen es viel langsamer geht.

Zudem erfindet Apple noch eine neue Art, ein Gerät zu steuern: ein Rad, auf dem die wichtigsten Funktionen verzeichnet sind und mit dem man dann hervorragend durch Menüs navigieren kann. Funktioniert das anfangs noch mechanisch, so reagiert es bei den neueren iPods auf die einfache Berührung. Die Bedienung ist einfach und intuitiv. Jeder, der das Gerät in die Hand nimmt, versteht sofort, wie es funktioniert. Der iPod ist ein Erfolg. Ein Jahrzehnt nach seiner Markteinführung 2001 haben die verschiedenen Modelle einen Marktanteil von über 70 Prozent bei den MP3-Playern.

Hersteller von MP3-Spielern profitieren davon, dass Musik umsonst im Netz heruntergeladen werden kann. Die Nutzer sind bereit, für das Gerät viel Geld zu zahlen, weil sie es kostenlos füllen können. Entsprechend schlecht ist die Musikindustrie auf Apple und den iPod zu sprechen, denn sie sieht nur, wie ihre Produkte von jemand anderem zu Geld gemacht werden. Gleichzeitig scheitern die meisten Versuche, MP3-Dateien zu verkaufen. Die Webangebote sind schlecht zu navigieren, die Musik ist zu teuer und wird meist in kopiergeschützten Dateiformaten angeboten. Das wiederum bedeutet, dass sie nur auf bestimmten Geräten läuft, meist nur auf dem Computer, mit dem sie heruntergeladen wurde. Somit geht der Vorteil der kleinen Datenmengen für den Kunden verloren. Er ist mehr gegängelt, als wenn er sich die gleiche Musik auf CD gekauft hätte.

Apple will das ändern und eröffnet am 28. April 2003 den iTunes-Music-Store, ein Online-Geschäft, dessen Angebot man sich über das iTunes-Programm ansehen, kaufen und herunterladen kann. Das senkt die Bezahlhürde, denn iTunes müssen die Kunden sowieso benutzen, um ihren iPod zu füllen und zu organisieren. Der Laden wird quasi mit dem iPod geliefert und so ist das begehrte Musikstück nur einen Mausklick und 99 Cent weit entfernt.

Fünf große Plattenfirmen unterzeichnen einen Vertrag mit Apple, 200 000 Songs stehen anfangs zum Download bereit. Auch sie sind kopiergeschützt, jedoch können sie sowohl auf CD gebrannt als auch auf eine bestimmte Anzahl von Geräten verteilt werden. Die Nutzer haben also deutlich mehr Freiheiten als bei Konkurrenzprodukten. Das Erstaunliche: Das Konzept funktioniert, Menschen kaufen wieder Musik anstatt sie zu kopieren. Inzwischen ist der iTunes-Store nicht nur der weltweit größte Vertrieb für digitale Musik, in den USA verkauft Apple mehr Musik als der bisher größte CD-Händler Walmart. Und das, obwohl iTunes-Stücke seit 2009 keinen Kopierschutz mehr besitzen.

Doch bei Musik bleibt es nicht. Der iTunes-Store vertreibt auch Hörbücher und verteilt Podcasts, ein wichtiges neues Internetmedium, eine Art Radiosendung zum Download. Trotz des Namens hat ein Podcast wenig mit dem iPod zu tun, auch wenn man Podcasts auf dem iPod hören kann. Es sind kurze Sendungen, die jeder, der ein Mikrofon, ein Aufnahmegerät und eine Idee hat, herstellen kann. Immer mehr Radiosender stellen ihre Sendungen nach der Ausstrahlung als Podcast ins Netz, Zeitungen erweitern damit ihr Angebot. Der nächste logische Schritt ist der Verkauf von Filmen und Fernsehserien, eingeführt mit großem Erfolg Ende 2005, darauf folgten kleine Spiele für iPods, die eine Videofunktion haben. Alles, was Apple anfasst, scheint Erfolg zu bringen, doch beim nächsten Schritt glauben viele Beobachter, dass Apple sich überschätzt. Der nächste Schritt heißt iPhone.

«Eine Sache noch.» Wenn Steve Jobs diese Worte sagt, hängen Apple-Fans und Journalisten an seinen Lippen. An diesem 7. Januar 2007 wird etwas enthüllt, das für Apple immens wichtig ist. Ein neues Produkt. Niemand hat es vorhergesehen, die Gerüchte schwirren umher, im Internet, selbst in angesehenen, großen Zeitungen. Immer wenn Steve Jobs etwas anzukündigen hat, ist das eine Meldung wert, diesmal sind es große Artikel.

Eine einfache Einladung zu einer Pressekonferenz, eine nebulöse Ankündigung und die Presse steht Kopf: Jobs ist zu einem Popstar unter den Unternehmern geworden, einer, der wie kein Zweiter Produkte zeigen kann, einer, der Lust macht auf das, was er zeigt, einer, der verstanden hat, wann Produkte sexy sind. So etwas lieben Journalisten und ihre Leser ebenfalls.

Dass diese Taktik funktioniert, hängt damit zusammen, dass Jobs es geschafft hat, aus Apple eine extrem verschwiegene Firma zu machen. Kaum etwas dringt aus ihr heraus. Das liegt zum einen daran, dass ein Geheimnisverrat mit sofortiger Kündigung geahndet wird, und zum anderen an der internen Struktur der Firma. Nur die wenigsten Mitarbeiter kennen die fertigen Produkte, wissen überhaupt, woran sie arbeiten. Die meisten schreiben Programme für Geräte, die sie nicht kennen, entwickeln Bildschirme oder Tastaturen. Das fertige Produkt sehen sie dann, wenn Jobs es präsentiert, gleichzeitig mit dem Rest der interessierten Welt. Wie beim iPhone, das an diesem Tag vorgestellt wird und das die Schlagzeilen der nächsten Tage beherrschen wird – und das, obwohl noch niemand es ausführlich testen konnte. Das iPhone soll in den ersten Jahren einen Marktanteil von einem Prozent der verkauften Mobiltelefone erreichen. Normalerweise wäre das ein Witz, eine Meldung für den Wirtschaftsteil der Zeitung. Aber Apple ist nicht normal.

400 Millionen Dollar hätten Anzeigen gekostet, die dieselbe Wirkung hätten wie die Berichterstattung zum iPhone-Start, wird später ein Harvard-Professor ausrechnen. Doch bei Apple reicht es, wenn Steve Jobs in seinem schwarzen Rollkragenpullover, seinem Markenzeichen, auf die Bühne tritt und ein kleines Gerät hoch hält: das iPhone. Und trotz seines geringen Marktanteils wird das Gerät in den nächsten Jahren den Markt der Mobiltelefone in Schwung halten, wird ihn verändern und neue Impulse geben.

Denn das iPhone ist mehr als ein Handy. Es ist ein kleiner Computer, mit dem man unterwegs arbeiten kann, E-Mails verschicken, im Netz surfen und Musik hören. Es ist gleichzeitig eine Plattform für Programmierer, die kleine Zusatzprogramme entwickeln können, so genannte Apps. Das steht für Application, auf Deutsch Anwendung oder Computerprogramm. Apps werden gemeinsam mit der Musik über den iTunes-Store verkauft oder auch kostenlos vertrieben und sind dann oft mit Werbung versehen. 250 000 verschiedene gibt es davon heute: vom virtuellen Pfurzkissen über Videospiele bis zu Routenplanern, von Office-Anwendungen zu Vogelbestimmungsprogrammen bis hin zum Taxipreisrechner. Alles, was vorstellbar ist, wird gemacht und verkauft – wenn Apple es freigibt. Und das ist bis heute ein Streitpunkt. Apple bestimmt, welche Programme auf den Geräten laufen. Anders als bei einem normalen Betriebssystem für Computer, die üblicherweise so gestaltet sind, dass jeder dafür Programme schreiben kann, die dann darauf laufen.

Apple aber behält sich nicht nur eine technische Prüfung vor, sondern auch eine inhaltliche. Anstößige Anwendungen kommen nicht auf das Telefon. Dazu zählte zwischendurch sogar die offizielle App des deutschen Wochenmagazins «stern», der eigentlich nicht für anstößige Inhalte bekannt ist.

Ein anderer Punkt, der Apple-Kunden sauer aufstößt: Das iPhone darf in den meisten Ländern nicht frei verkauft werden. Apple schließt Verträge mit bestimmten Telefonanbietern ab, in Deutschland ist das beispielsweise T-Mobile. Wer also ein iPhone haben will, muss sich an diesen Anbieter binden und gegebenenfalls dorthin wechseln. Das ist gutes Geschäft für die jeweiligen Anbieter – und für Apple. Denn die Exklusivität sorgte von Beginn an für Aufmerksamkeit und erzeugt Begierde. Zudem kann Apple den Telefonanbietern noch weitere Bedingungen diktieren: Sie sollen diese Teile des Umsatzes, der mit den iPhones gemacht wird, an Apple abführen. Kein anderer Handy-Hersteller würde sich das trauen.

Das iPhone wird innerhalb kürzester Zeit zum Statussymbol, es erfindet die so genannten Smartphones neu und sorgt für hektische Betriebsamkeit bei der Konkurrenz. Marktführer Nokia beispielsweise hat es selbst vier Jahre nach dem Verkaufsstart des iPhones noch nicht geschafft, ein Gerät auf den Markt zu bringen, das ähnlich gut aussieht und vor allem: ähnlich bequem zu bedienen ist.

Das iPhone ist das Modell für viele Nachahmer und es ist sicher auch Inspiration für einen der nächsten Schachzüge von Google. Die Suchmaschinenfirma veröffentlicht ein Betriebssystem für Smartphones und stellt sich damit gegen Apple, eine Firma, mit der sie bisher freundlich verbunden war. Jobs reagiert, indem er Google-Chef Eric Schmidt aus dem Vorstand von Apple drängt. Den Posten hatte Schmidt drei Jahre innegehabt. Gleichzeitig gibt es immer wieder Spekulationen, dass Google-Anwendungen nicht mehr auf Apple-Geräten laufen sollen, dass Google Maps nicht mehr die Karten für die Routenplanerfunktion des iPhones liefern soll. Bis Herbst 2010 ist nichts davon Wirklichkeit geworden.

Doch der Kampf um den Handymarkt geht weiter. Auch wenn Google die Produktion eines eigenen Handys nach nur kurzer Zeit eingestellt hat, gibt es doch genügend Hersteller, die Android, wie das Google-System heißt, in ihre Handys einbauen. Im Herbst 2010 gibt es erstmals mehr Android-Handys als iPhones, was allerdings vor allem daran liegt, dass Apple nur jeweils ein Modell seines Handys auf dem Markt hat, Android-Handys dagegen von vielen verschiedenen Herstellern kommen. Dennoch: Apple kann sich nicht sicher sein, dass es in den nächsten Jahren weiterhin den Trend bei den Handys setzen wird. Die Angst vor Google geht sogar so weit, dass Apple Entwicklern verbietet, in den Beschreibungen ihrer Programme im App-Store zu erwähnen, dass es diese Anwendung auch für das Android-System gibt. Andernfalls droht die Löschung aus dem Laden, was einem Verbot gleichkommt, denn nur über diesen können Apps auf das Handy der Kunden kommen. Gut, dass Jobs Anfang 2010 einen weiteren Trumpf ausspielt.

Ein magisches, ein revolutionäres Produkt will Steve Jobs vorstellen an diesem 27. Januar 2010 im Yerba Buena Center of the Arts in San Francisco. Es ist das immer gleiche Spiel: Jobs im schwarzen Rollkragenpullover auf der Bühne, die Produktvorstellung eine perfekt choreographierte Show. Tagelang vorbereitet unter strenger Aufsicht des Zeremonienmeisters selbst. Jobs kümmert sich um die perfekte Beleuchtung, sucht den geeigneten Moment, in dem das Licht angehen muss, testet den perfekten Winkel, in dem er das neue Produkt halten muss, um es im besten Licht zu zeigen.

Jobs ist Perfektionist, nicht nur beim Design seiner Produkte, sondern auch bei ihrer Präsentation.

Das neue Produkt heißt iPad. Es wird sich in den ersten 80 Tagen nach Verkaufsstart im April drei Millionen Mal verkaufen. Es ist eine Kreuzung aus Minicomputer und iPhone, gesteuert wird es über einen Touchscreen, genau wie das iPhone oder der iPod Touch. 700 Gramm wiegt es und ist etwas kleiner als eine DIN-A4-Seite, hat einen drahtlosen Internetanschluss, kann aber auch in den teureren Versionen über das Handynetz online gehen.

Apple-Fans sind zunächst einmal enttäuscht, denn sie haben mehr erwartet als nur ein aufgeblasenes iPhone. Als das bezeichnen es viele, denn es benutzt dieselbe Software wie Apples Handy. Das ist auch der Hauptkritikpunkt: Denn iOS, wie das System heißt, schränkt die Möglichkeiten des Gerätes ein. Wer für das Gerät Programme schreibt, muss sie genehmigen lassen, denn sie können nur über den in iTunes integrierten App-Store vertrieben werden. Das iPad ist kein Computer, auch wenn viele das erhofft haben, das iPad ist vielmehr ein sehr gut aussehendes Gerät, mit dem sich digitale Medien konsumieren lassen.

Das iPad soll zum Surfen oder Musikhören genutzt werden, es soll Lesegerät für elektronische Bücher sein, die aktuellen Ausgaben von Zeitungen anzeigen.

Die ersten Reaktionen der Verleger sind enthusiastisch. Der Chef des deutschen Springer-Verlags, in dem unter anderem das Boulevardblatt «Bild» erscheint, verlangt von seinen Kollegen gar, dass sie einmal am Tag beten und Steve Jobs danken sollen, dass er die Branche rettet. Viele wollen sofort auf dem Gerät vertreten sein. Kein Wunder, schließlich lockt hier die Möglichkeit, Inhalte endlich wieder verkaufen zu können und nicht wie bei der Online-Ausgabe nur an der Werbung Geld zu verdienen. Wenn allerdings

Apple kontrolliert, was auf dem Gerät veröffentlicht wird, wird das zwangsläufig zu einem Problem für Zeitungen. Eine App des «stern» wurde schon einmal gesperrt. Es gibt keine Garantie, dass es anderen Zeitungen nicht ähnlich ergehen wird. Dann vielleicht nicht nur wegen nackter Haut, sondern wegen ihres journalistischen Inhalts. Und das wäre ein untragbarer Zustand.

Das iPad ist ein weiterer Baustein in der Entwicklung von Apple zu einem Anbieter, der seine Produkte langsam in ein geschlossenes System überführt – das kontrolliert und für Firmen geöffnet und geschlossen werden kann. Hier können Bedingungen diktiert, Preise festgesetzt und Anteile an Verkäufen genommen werden. Technik und Infrastruktur werden gestellt, die Arbeit anderer wird genutzt.

Es ist die konsequente Weiterentwicklung von Apples Politik. Früher waren es die Rechner, die mit einem Apple-eigenen Betriebssystem ausgeliefert wurden. Mac OS durfte nur auf Apple-Rechnern eingesetzt werden, lange waren diese Rechner zudem so konzipiert, dass sie keine anderen Betriebssysteme nutzen konnten. Das hat sich erst vor ein paar Jahren geändert.

Jetzt schließt Apple seine tragbaren Geräte ab, macht sie für viele Entwickler unerreichbar, schränkt die Vielfalt ein. Apple verhindert zum Beispiel, dass die populäre Software Flash auf iPhone oder iPad zum Einsatz kommt. Flash dient zum Beispiel zum Abspielen von Filmen oder animiert Webseiten. Ein Verbot von Flash auf diesen Geräten wird Folgen für die Gestaltung des Webs haben, denn jeder Anbieter einer Seite wird es sich zweimal überlegen, ob er einen Teil seiner Besucher aussperrt.

Die nächsten Jahre werden zeigen, wie gut die Strategie von Apple ist. Was aus dem iPod wird, der inzwischen eine Art Auslaufmodell ist. Er erreicht nicht mehr die prognostizierten Verkaufs-zahlen, zu viele seiner Funktionen sind in der gleichen Qualität auf dem iPhone oder auf Android-Handys erhältlich.

Fraglich ist auch, ob die Firma es schafft, ihre geschlossenen Systeme zu verteidigen, ob sie sich gegen die vehement in den Markt dringenden Google-Handys durchsetzen kann. Ob sie sich im Werbemarkt festsetzen kann, wie sie es jetzt mit einer neuen Version ihres Handy-Betriebssystems iOS versucht. Ob sie doch noch mit dem sozialen Netzwerk Ping Erfolg hat. Ping ist ein in iTunes integrierter Dienst, der zwar gut gestartet ist, danach aber einen schnellen Absturz hinlegte. Dies liegt vor allem daran, dass die versprochene Integration in Facebook nicht erfolgte. Schwer zu erfüllende Forderungen von Facebook seien der Grund dafür, sagt Steve Jobs. Ihm scheint klar geworden zu sein, dass er es mit einer neuen Macht im Netz zu tun hat. Der Erfolg des iPads wird viele Nachahmer auf den Plan rufen, iTunes wird nicht das einzige gut zu bedienende Musikangebot bleiben. Schon jetzt verkauft der große Online-Händler Amazon Musik als MP3-Dateien. Die Ge-rüchte halten sich, dass Google ebenfalls an einem Online-Laden für Musik und Videos arbeitet.

Die größte Gefahr für Apple liegt allerdings in der Abhängig-keit von Steve Jobs. Er ist nicht nur der, der die Produkte auf Herz und Nieren prüft, an ihnen feilt, bis sie ihm perfekt erscheinen, derjenige, der sich um die Verpackung kümmert, um die beste Werbung für die Produkte. Er ist auch das Gesicht von Apple, der charismatische Anführer. Der, der das lebt, was die Apple-Pro-dukte versprechen.

Jobs hat eine Krebsoperation hinter sich, hat 2009 eine neue Niere bekommen und immer wieder spekulieren die Medien über seine Gesundheit. Wenn Jobs dünn aussieht bei einem Auftritt in der Öffentlichkeit, wenn er niest, dann fallen die Aktienkurse. Jobs scheint wichtiger als jedes Produkt. Das ist eine Stärke von Apple, es ist gleichzeitig auch seine größte Schwäche. Wenn Jobs Apple verlässt, das lässt sich mit ziemlicher Sicherheit sagen, wird aus Apple eine andere Firma werden. Ob sie noch so erfolgreich sein wird, darf bezweifelt werden.

Das Netz wird gefüllt

Wir Datenschleudern

Es findet derzeit eine technologische Revolution statt, die das Internet und unser Leben für immer verändern wird. Die Vernetzung zwischen uns und unseren Geräten wird immer enger werden. Sie schafft die Grundlagen dafür, Informationen zu teilen und zu sammeln, zu speichern. Unser Wissen, Musikstücke, Bücher oder Auszüge daraus, ganze Filme und einzelne Szenen, Gedanken und Träume fließen in den immer größer werdenden Computer namens World Wide Web, wo nicht nur wir darauf Zugriff haben, sondern auch andere. Menschen, die ähnliche Interessen haben, aber auch Firmen, die von diesen Informationen profitieren wollen.

Neue Dienste nehmen die Zeit und die Gedanken ihrer Nutzer in Anspruch. Sie lesen, hören Musik, schauen Videos. Sie schaffen Netzwerke, starten Protestbewegungen, erstellen selbst Inhalte, indem sie zum Beispiel an der Enzyklopädie Wikipedia mitschreiben, Videos auf YouTube hochladen, Fotos auf Flickr einstellen oder Blogbeiträge schreiben. Die Nutzer werden für ihre Arbeitsleistung nicht bezahlt, im Gegenteil: Sie bezahlen selbst dafür – mit ihren Daten, die sich zu Werbezwecken sammeln lassen, mit ihren Inhalten, die mit Werbung versehen und so von den Firmen zu Geld gemacht werden. Manche Firmen haben in ihren Nutzungsbedingungen sogar stehen, dass sie das von Nutzern eingestellte Material weiterverkaufen dürfen.

Egal, ob Facebook, Twitter oder Apple: Diese Firmen schaffen lediglich die Wege, auf denen die Inhalte vertrieben werden. Oder aus Nutzersicht gesprochen: auf denen die Inhalte konsumiert werden können. Die Inhalte selbst aber erstellen andere.

Die Firmen unterscheiden nicht zwischen relevanten und irrelevanten Inhalten, sie sortieren nicht, sie handeln nach dem Motto «Masse statt Klasse». Ebenso ist es für sie unerheblich, ob der Urheber finanziell davon profitiert oder nicht – vielmehr leben sie von dieser freiwillig erbrachten, nicht honorierten Arbeit.

Sie haben es geschafft, eine große Anzahl Mitarbeiter zu rekrutieren, die bereit sind, umsonst zu arbeiten: ihre Nutzer. Diese erstellen Beiträge, drehen Videos, diskutieren über verschiedene Themen. Sie verbreiten ihr Wissen, ihre Musik oder ihre Fotos. Sie bezahlen sogar noch dafür, indem sie die Geräte kaufen, die sie dafür benutzen – und nicht zu vergessen: mit ihren Daten. Die Nutzer machen damit nicht nur andere zu Millionären, sondern geben diesen Millionären auch noch die Kontrolle über das, was sie erstellt haben. Die neuen Internetdienste sind ein Sieg der Technik über den Menschen. Sie verändern nicht nur unser Verhältnis zu Kultur und Wissen, sondern auch zu Freundschaften und persönlicher Freiheit. Sie vermessen unsere Daten und wollen sich daraus ein Bild von uns machen, von dem sie glauben, dass es der Wirklichkeit entspricht. Und wir glauben ihnen, denn wir machen uns zwangsläufig von unseren Facebook-Freunden das Bild, welches sie von sich dort präsentieren.

Wissen auf Abruf: der Arbeitsspeicher der Welt

Technik ist wichtig für die Verbreitung von Gedanken. Die ersten Techniken sind Zeichnungen, Höhlenmalereien, die vom Alltag der ersten Menschen berichten, von Gefahren, von der Umgebung.

Der nächste Schritt ist die Erfindung der Schrift. Ursprünglich wurde sie dazu benutzt, Verwaltungsaufgaben zu vereinfachen, Vorräte zu registrieren und Abgaben an eine zentrale Macht zu registrieren. Bald entwickelt sich aus der Schrift ein Werkzeug, um Gedanken aufzuschreiben und Wissen festzuhalten und es so mit Zeitgenossen zu teilen oder auch an nachkommende Generationen weiterzugeben.

So lange, wie die meisten Menschen noch Analphabeten sind, bedeutet lesen und schreiben zu können oder Schriften zu besitzen Macht. Nur die Mächtigen und Reichen sind gebildet genug, um diese Fähigkeiten zu beherrschen, oder wohlhabend genug, um sich Sklaven halten zu können. Sie lassen diese ihre Gedanken aufschreiben oder sie vorlesen. Nur sie können sich auch die Materialien wie Papyrus-Rollen leisten, auf denen geschrieben wird. Das ist im antiken Griechenland so und auch in Rom. Gelehrtheit kommt mit Geld und sozialem Status. Umgekehrt heißt das: Wissen verfestigt Macht, kann Strukturen erhalten, kann zur Unterdrückung großer Teile der Bevölkerung dienen. Deshalb beschränken totalitäre Systeme den Zugang zum Wissen, das war schon früher so und ist heute noch der Fall.

Nach dem Niedergang der antiken Kulturen geht das Wissen an die Kirche über. Sie hortet es in Bibliotheken, Klöster werden zu Schreibstuben, hier wird Wissen erworben und vervielfältigt. Doch auch wenn sich dort der Inhalt der Bücher ändert: Der Zugang zu ihnen, zum Wissen ist weiterhin stark beschränkt. Die Kirche kontrolliert ihn, denn sie weiß, dass zu viel Wissen in der Bevölkerung ihr gefährlich werden kann.

Bücher werden zu Speichern der menschlichen Erfahrungen, des Wissens. Sie werden zu Werken über Religion, Philosophie, Wissenschaft. Bibliotheken gibt es an den Höfen der Fürsten, in Klöstern oder in seltenen Fällen in den Privaträumen reicher Bürger. Das Wissen der Welt ist weiterhin exklusiv. Nur wenige privilegierte Menschen können lesen und haben Zugang zu den Bibliotheken. Sie stehen im Dienst der Kirche und haben sich den Zugang verdient oder sind durch ihre Geburt in den Genuss der Privilegien gekommen.

Wissen ist Macht und sie zu verteidigen, ist leicht: Bücher sind teuer. Sie zu erstellen, zu schreiben, kostet Zeit und Geld. Jedes Buch beziehungsweise jede Kopie muss per Hand abgeschrieben werden. Auf diese Art kann das Wissen natürlich nicht unter der breiten Masse verteilt werden. Das ist den Herrschenden nur recht.

In den 1440er Jahren findet in Mainz eine Revolution statt. Es ist eine neue Technik, eine Meisterleistung der Ingenieurskunst, die die Verbreitung von Wissen weltweit für immer verändern wird. Johannes Gutenberg erfindet den Buchdruck. Er gießt invertierte Buchstaben aus einer Metalllegierung, setzt diese in eine Form ein, bestreicht sie mit Farbe und druckt diese auf Papier. Es ist ein mechanisches Verfahren, mit dem in kürzester Zeit Bücher in großer Auflage gedruckt werden können.

Gutenbergs Erfindung beschleunigt die Verbreitung von Wissen. In den ersten 50 Jahren nach Erfindung des Buchdrucks erscheinen so viele Bücher wie in den 1000 Jahren davor. Bücher sind keine exklusiven Einzelstücke mehr. Gedanken, die ein Einzelner hat, können schnell verbreitet werden, der Druck von Flugblättern und kleinen Manifesten ist theoretisch nun jedem möglich und nicht mehr nur den Fürsten vorbehalten.

Gutenbergs Erfindung beschleunigt die Reformation, hilft bei der Entwicklung der Wissenschaft, bei der Verbreitung der Thesen von Galilei zum Verhältnis zwischen Sonne und Erde. Bücher haben auf einmal das Potential, Religionen zu verändern und Keime für Revolutionen zu säen, Regierungen zu stürzen, Gesellschaften zu ändern. Schriftsteller haben die Möglichkeit, ihre Werke zu vervielfältigen und zu verkaufen. Die Kultur des gedruckten Wortes entsteht und mit ihm wird das Buch im Laufe der Jahrhunderte zum höchsten Kulturgut, zum heiligen Gral der Intellektuellen und des Bürgertums, das seinen Bildungsgrad in laufenden Bibliotheksmetern zeigt.

«Die Zeit, in der man sich eine hervorragende Enzyklopädie von anderthalb Meter Umfang ins Regal stellt, scheint vorbei zu sein», sagt ein Sprecher des Brockhaus-Verlags. Die 2006 erschienene 21. Auflage des Werkes wird für lange Zeit die letzte sein, möglicherweise für immer. «Der Brockhaus» ist über ein Jahrhundert lang Zeichen für einen gebildeten Haushalt. Ein Lexikon, das im Regal viel Platz einnimmt, das Bildung ausstrahlt, ein Wissensspeicher, der die Welt in kleinen, alphabetisch sortierten Einträgen erklärt. In strittigen Fällen nimmt man den Brockhaus zur Hand, er dient als Schiedsrichter.

Der Brockhaus hat ausgedient. Das ahnt man schon, als er das erste Mal in einer digitalisierten Form erscheint. Die gebundenen Meter sind, wenig Ehrfurcht gebietend, auf zwei CDs komprimiert. Und so verschwinden sie dann auch im Regal, machen Platz für eine neue Informationsquelle: In ihr soll alles Wissen der Welt gespeichert sein und für alle zum Abruf bereitstehen – das Internet. Es ist eine technische Revolution, die bedeutendste seit Gutenbergs Werk. Das Internet ist dabei, dessen Werk abzulösen, doch zunächst einmal ahmt es dessen Entwicklung in rasanter Zeit nach.

Zuerst sind es die privilegierten Klassen, die Zugang zum Netz haben: die Forschungsinstitute, Militäreinrichtungen und Universitäten. Das Netz spricht noch keine Sprache, es ist Transportmedium, das Dateien von einem Ort zum anderen kopiert. Im nächsten Schritt kann es Seiten darstellen und von jedem, der Zugang hat, gelesen werden. Die Seiten sind einfach, sie bestehen nur aus Schrift. Bald kommen Bilder hinzu, die Seiten sind aufwändiger gestaltet. Wie in Druckerzeugnissen wird mehr Wert auf das Aussehen gelegt. Immer mehr Menschen bekommen Zugriff auf das Netz, es wird immer günstiger, sich einzuwählen, die technische Ausstattung wird besser und in den ersten Jahren des neuen Jahrtausends wird das Internet schließlich zum Massenmedium, an dem jeder teilhaben kann.

Inzwischen kann das Netz viel mehr, als ein Buch oder eine Zeitung jemals konnte. Nicht nur, dass es Videos anzeigen kann, interaktive Grafiken darstellen, Töne abspielen kann. Es unterscheidet sich auch in einem anderen wesentlichen Punkt von gedruckten Werken: Wer im Netz unterwegs ist, ist nicht mehr nur Konsument, er kann blitzschnell die Seiten wechseln und zum Produzenten werden, indem er seine Fotos hochlädt, Texte verfasst und publiziert, Videos dreht und im Netz veröffentlicht. Das Netz funktioniert in beiden Richtungen. Das nützliche oder wichtige Wissen der Welt ist im Internet zwischen den unwichtigen Informationen versteckt, es findet sich in wissenschaftlichen Aufsätzen, auf den Servern von Universitäten und Forschungseinrichtungen, in den Online-Archiven von Fachzeitschriften sowie gebündelt und zusammengefasst in Online-Lexika.

Das Wissen der Welt findet sich ebenso in Diskussionsbeiträgen, in Online-Foren, in Newsgroups, in Statusmeldungen auf Facebook, in Twitterbotschaften, es ist versteckt in Filmen auf Videoportalen wie YouTube.

Aus Wissen, das in Büchern in einem klar definierten und strukturierten Medium dargebracht wird, ist im Internet eine Mischung aus Fachwissen, Meinungen und Erfahrung geworden. Eine Mischung aus verschiedenen Medien, Darstellungsformen – unübersichtlicher als die größten Bibliotheken es sein können, aber weniger Ehrfurcht einflößend.

Das spiegelt sich in Wikipedia wider. Die Online-Enzyklopädie hat den Platz des Brockhaus eingenommen oder auch den der «Encyclopaedia Britannica», seinem englischsprachigen Pendant. Wikipedia ist das größte Lexikon der Welt. In ihm findet man zu fast jedem Stichwort einen Eintrag und der ist in der Regel umfassender und aktueller als in den gedruckten Lexika.

Viele Menschen benutzen Wikipedia, sie zitieren daraus und vertrauen auf diese Quelle. Als ob es in Stein gemeißelt wäre, was dort steht, als ob es so beständig wäre wie ein herkömmliches Lexikon. Das ist es natürlich nicht, denn schon Sekunden, nachdem man einen Artikel gelesen hat, kann dieser wieder inhaltlich verändert worden sein.

Die Artikel in dem Online-Lexikon werden nicht von Redakteuren erstellt wie bei herkömmlichen Lexika, sondern von allen Personen, die Lust haben, sich daran zu beteiligen und die Ahnung von einem Thema haben, oder auch solchen, die meinen, Ahnung zu haben. Wikipedia ist ein Werk, das durch die Arbeit von vielen Menschen entsteht, die gemeinsam daran arbeiten. Wikipedia selbst sagt, dass dadurch Fehler vermieden werden. Wer einen fehlerhaften Eintrag entdeckt, wer eine Ergänzung zu einem Thema hat, kann sofort die entsprechende Seite ergänzen oder korrigieren. Und da gerade Einträge zu großen Themen viele Besucher haben, werden Fehler schnell berichtigt – oder auch Manipulationen aufgedeckt.

Dennoch misstrauen einige Menschen den Artikeln, insbesondere diejenigen, die sich professionell mit der Verbreitung von Informationen befassen.

Wer für große Zeitschriften schreibt, wird früher oder später mit einer Institution namens Dokumentation zusammentreffen. Das ist eine Abteilung innerhalb der Redaktion, die nur dafür zuständig ist, Fakten zu überprüfen. Sie kontrolliert Zahlen, die im Artikel genannt werden, Schreibweisen von Namen, die Echtheit von Zitaten. Die Mitarbeiter brechen entweder in Gelächter aus oder ziehen fragend die Augenbraue hoch, wenn Wikipedia als Quelle genannt wird. Wer das tut, kann seine Unterlagen einpacken und neu recherchieren. Wikipedia gilt als eine unsichere Quelle, denn die Artikel können leicht manipuliert werden. Und sie gilt als schlechte Quelle, weil die Urheber der Artikel nicht bekannt sind und weil bereits eine Minute nach erfolgter Recherche etwas völlig anderes auf der Seite stehen kann. Das Wissen, das Wikipedia speichert, ist ein vorläufiges Wissen, ein Wissen, das dem Wandel der Zeiten unterworfen ist. Ein Wissen, das die Veränderungen der Welt transparent machen kann, gleichzeitig aber wenig Orientierung bietet.

Dennoch spiegelt Wikipedia wahrscheinlich besser als jedes gedruckte Lexikon den aktuellen Wissensstand wider. Das wissen übrigens auch die Dokumentare, denn viele von ihnen geben zu, dass sie Wikipedia ebenfalls nutzen. Weil so viele Menschen daran mitarbeiten, werden aktuelle Ereignisse schnell aufgenommen, grobe Fehler behoben, mutwillige Entstellungen von Seiten gelöscht.

Wikipedia bietet in vielen Artikeln überdurchschnittliche Qualität und stellt damit manches herkömmliche Lexikon in den Schatten. Das bescheinigt ihr auch eine Studie der amerikanischen Zeitschrift «Nature». Doch gerade Wissenschaftler kritisieren oft, dass dem Online-Lexikon die für ein Nachschlagewerk nötige Breite des Wissens fehlt. Schreibt ein Fachmann einen Artikel, so gibt er häufig einen einseitigen Forschungsstand wieder, was nur dann ausgeglichen wird, wenn sich eine Gegenmeinung findet. Wikipedia ist so auch eine Mischung aus Wissen und Diskussionsplattform. Und sie wird auch immer wieder zur Front von politischen Kämpfen. Gerade in extremen Randgebieten der Politik gibt es viel Vandalismus und Versuche, Ideologien zu propagieren. Manchmal wissen sich die Moderatoren des Lexikons nicht anders zu helfen, als über die betroffenen Artikel eine zeitweilige Editiersperre zu verhängen.

Trotz all dieser Schattenseiten: Wikipedia ist inzwischen ein unverzichtbares Nachschlagewerk geworden. Wer mit Vorsicht liest und die Quellen der jeweiligen Artikel beachtet, wird hier so gut informiert wie in einem gedruckten Lexikon, wahrscheinlich sogar besser und sicher aktueller. Am besten aber informiert man sich in der englischen Ausgabe, denn die kombiniert das Wissen vieler Länder, konzentriert sich nicht nur wie die deutsche Ausgabe auf deutschsprachige Quellen, sondern zieht weltweit auf Englisch erschienene Fachartikel heran. Dieses Problem gab es aber auch schon bei den gedruckten Lexika. Eine «Encyclopaedia Britannica» hatte immer einen größeren Horizont als ein «Brockhaus».

Die Falle, in die viele deutschsprachige Autoren von Wikipedia-Artikeln tappen, zeigt damit ein Problem des Internets an sich auf: Viel zu oft verlassen sich Menschen darauf, dass die ersten Informationen, die sie finden, richtig sind. Dieses Phänomen ist inzwischen auch bei wissenschaftlichen Arbeiten zu finden. So zeigt eine Untersuchung der Universität von Chicago, dass sich mit fortschreitender Digitalisierung von Fachzeitschriften und Fachbüchern die Anzahl der Quellen, die für einen neuen Artikel verwendet werden, deutlich verringert und diese häufig online zu finden sind. Was nicht digitalisiert ist, findet zunehmend nicht mehr statt in der Wissenschaft. Das erscheint erstaunlich, wo doch ein einfacher Zugriff auf immer mehr Material für ein deutlich breiteres Wissen sorgen sollte. Stattdessen scheint nach dieser Studie das Gegenteil der Fall zu sein. Wer Technik zum Suchen von Quellen benutzt, glaubt dieser. Glaubt, dass man die relevanten Artikel gleich zur Verfügung hat und nicht weitersuchen muss. Glaubt vielleicht sogar, dass die Suchmaschine eine Vorauswahl getroffen hat, die er nicht hinterfragen muss. Glaubt an den Computer als intelligentes Wesen.

1966 erblickt Eliza das Licht der Welt. Das ist ein Computerprogramm des deutsch-amerikanischen Wissenschaftlers Joseph Weizenbaum. Eliza ist ein Test. Wie würden Menschen auf einen Computer reagieren, der mit ihnen redet, zuhört und Fragen stellt, die zu dem passen, was sie erzählt haben? Eliza kann nur sehr wenige Antworten verstehen und hat keinerlei Möglichkeiten, etwas über den Menschen zu erfahren, mit dem es sprechen soll. Eliza kann fragen, wie es einem geht, aus der Antwort Wörter wie Vater oder Mutter herausfiltern und diese in die nächste Frage einbauen. Das Vorbild für Eliza ist ein Fragenkatalog, den amerikanische Psychotherapeuten entwickelt haben.

Weizenbaum ist vom Ergebnis schockiert: Viele Menschen nehmen Eliza als vollwertigen Gesprächspartner an, vertrauen dem Programm Geheimnisse an, fühlen sich ernst genommen, freunden sich mit ihm an. Der Computer erscheint ihnen menschlich, wenn er nur im richtigen Moment richtige Fragen stellt. Andere nehmen dieses Ergebnis positiv auf: Manche Psychotherapeuten überlegen gar, Eliza in der Therapie zu verwenden. Eliza ist ein frühes Beispiel für die Macht, die Computer über Menschen erringen können, für die Faszination, die von ihnen ausgeht, und die Glaubwürdigkeit, die ihnen zugesprochen wird. Und je mehr ein Computer weiß, desto glaubwürdiger kann er sein. Und heute wissen die Computer sehr viel, sie sammeln ja genug.

Google sieht es als seine große Aufgabe an, das Wissen der Welt zu sammeln und meint damit jede Information, die jemals produziert wurde. Die Speicherkapazitäten sind dafür schließlich groß genug. Deshalb reagierte Google-Gründer Larry Page auch mit Unverständnis auf die Forderung einiger Gmail-Nutzer, eine Möglichkeit zum Löschen von E-Mails zu bekommen: Warum sollte man sie löschen? Das ist ineffizient und vielleicht möchte man sie irgendwann wiederhaben.

Das Wissen der Welt ist für Google also nicht nur das, was man bisher als das Wissen bezeichnet hat. Es sind nicht nur wissenschaftliche Bücher, Erfindungen, Formeln. Es sind nicht nur Sprachen oder Erzählungen. Es ist alles, egal, ob es für die Allgemeinheit relevant ist oder nicht. Denn Google kann jede Information gebrauchen, jede Äußerung, jede E-Mail, jede kurze Botschaft, jedes Video, jeden Anruf, jeden Kauf. Es sind Dinge, mit denen wir etwas über uns offenbaren, mit denen wir wieder einen Mosaikstein hinterlassen, mit dem Google glaubt, unser Denken, unsere Persönlichkeit berechnen zu können. Das ist es, was Wissen für Google auch ist: Es ist der Glaube an die Möglichkeit, Menschen durch Algorithmen zu beschreiben, der Glaube daran, dass man das menschliche Gehirn erweitern kann. Eines Tages, so glaubt Larry Page, werde es eine Anwendung geben, mit der wir Google direkt an unser Gehirn andocken können, mit der eine künstliche Intelligenz uns unterstützt, uns ständig die Informationen liefert, die wir in dem Moment brauchen. Und dafür braucht Google all diese Informationen. Dass diese künstliche Intelligenz Werbung direkt in unser Gehirn schicken soll, ist wahrscheinlich ein willkommener Nebeneffekt.

Das klingt nach Science-Fiction, nach den düstersten Visionen von Philip K. Dick, nach George Orwell und Aldous Huxley gleichzeitig. Und es sind doch Visionen, die Larry Page und Sergey Brin offen aussprechen. Passend dazu fordert der dritte im Google-Bund, der Chef Eric Schmidt, bei jeder Gelegenheit, dass wir Google all unsere Daten geben. Nur dann kann die Maschine unsere Wünsche wissen, bevor wir sie eintippen.

Diese Überlegungen können nur Menschen anstellen, die davon überzeugt sind, dass man das menschliche Gehirn eines Tages mit Computern nachbilden kann, die davon ausgehen, dass unser Gehirn schon ein Computer ist, den man verbessern und effizienter gestalten kann. Die glauben, dass sich menschliche Gedanken imitieren lassen und unser Gehirn Arbeitsgänge auslagern kann.

Der Begriff der künstlichen Intelligenz wurde 1956 bei einer Konferenz im Dartmouth College entwickelt. Das ist eine der berühmten alten Universitäten Neuenglands, in den Bergen von New Hampshire im Nordosten der USA gelegen. Die so genannte Dartmouth Conference war der Startschuss zu einer Forschung, die bis heute fortgesetzt wird. Das amerikanische Verteidigungsministerium fördert sie bis in die 1970er Jahre, bis es feststellt, dass die Forschung nicht die erhofften Ergebnisse bringt.

Die Vorstellung, dass künstliche Wesen menschlich werden können, sie eine Intelligenz besitzen können, existiert schon länger als erst seit 1956. Sie lässt sich bereits in der griechischen Mythologie finden und fast jede folgende Zivilisation hat ihre eigenen Fantasiegeschichten um künstliche Figuren, die menschlich werden. Kein Wunder aber, dass der bekannteste künstlich hergestellte Mensch in der Hochphase der Industrialisierung von Mary Shelley ersonnen wird: Frankenstein. Der Roman ist unter anderem eine Kritik an dem uneingeschränkten Fortschrittsglauben der Menschheit und daran, alles künstlich erschaffen zu können.

Wie eine computerisierte Variation dieser Frankenstein-Idee müssen einem heute die Ideen der Google-Gründer vorkommen. «Die ultimative Suchmaschine ist eine, die so schlau ist wie Menschen – oder noch schlauer», sagt Page. Brin spinnt den Gedanken weiter: «Wir wären alle klüger, wenn wir sämtliche Informationen der Welt direkt mit unserem Gehirn verbinden könnten oder sogar ein künstliches Gehirn verwenden könnten, das schlauer ist als wir.»

Page und Brin haben einen technischen, analytischen Blick auf das menschliche Gehirn und reduzieren es allein auf seine Produktivität. Diese Betrachtungsweise negiert wesentliche Bereiche des menschlichen Seins, weil sie nicht effizient sind. Gefühle und Sinne werden ausgeschlossen – sie fördern nicht die Produktivität. Zumindest glauben das viele Verfechter der künstlichen Intelligenz.

Mit anderen Worten: Wissen ist für Google das, was sich berechnen lässt, was sich in Tabellen darstellen und in einem Geflecht von Beziehungen ablesen lässt. Wissen ist eine Kombination dessen, was sich mit Worten und Zahlen beschreiben lässt. Und Google ist auf dem besten Weg, uns das ebenfalls glauben zu lassen.

Denn wir glauben Google, das können wir tatsächlich an Zahlen ablesen und an einer besonders: 90 Prozent, denn so hoch ist der Marktanteil von Google bei Suchanfragen in Deutschland. Neun von zehn Deutschen verlassen sich bei ihrer Internetsuche auf die Suchmaschine, geben sich mit dem zufrieden, was sie dort finden. Weltweit ist der Prozentsatz etwas niedriger und liegt bei etwas über 80 Prozent, was immer noch eine monopolartige Zahl ist. Wenn uns Google eine Antwort gibt, ist sie richtig – zumindest scheint eine richtige Antwort dabei zu sein, denn sonst würden wir nicht zu Google zurückkehren.

Beispielhaft für das Vertrauen in Google steht die rüde Abfertigung, die Foren-Mitglieder oft erteilen, wenn eine Frage gestellt wird: «Schau einfach bei Google nach.» Meist in etwas drastischerer Formulierung. Das heißt auf der einen Seite: «Belästige uns nicht mit trivialen Fragen, wir haben Wichtigeres zu tun.» Auf der anderen Seite heißt es aber auch: Google kann man vertrauen, Google findet die Antwort, Google kann uns ersetzen. Google ist als Speicher von Wissen anerkannt, er sollte zuerst angezapft werden, bevor wir unser Gehirn anschalten.

Wissen ist nicht mehr das, was wir wissen, sondern das, was Google oder Wikipedia zu einem Thema sagen. Der Glaube an die Macht der im Internet gespeicherten Daten ist nicht nur bei Larry Page oder Sergey Brin groß, sondern er ist es auch bei uns Netzbewohnern.

Wir suchen nach Informationen, lesen sie und: Wir vergessen sie sofort wieder. Wir verlassen uns darauf, dass wir die gleiche Information wiederfinden, wenn wir sie brauchen. Wir verlassen uns darauf, dass Google als Wegweiser oder Wikipedia als ausgelagertes Gedächtnis funktionieren und vergessen darüber oft, dass wir früher Dinge gelernt und nicht nur nachgeschlagen haben.

Das neue Lernen: Google als ausgelagertes Gehirn

Jahreszahlen muss man sich nicht merken, die kann man nachschlagen. Es ist dieser Satz eines meiner Geschichtsprofessoren, der im Studium vor überflüssiger Arbeit geschützt hat. Warum sollte man etwas im Gehirn speichern, wenn ein Nachschlagewerk am Schreibtisch genügt. Ein bestechender Gedanke, der dankbar angenommen wurde.

Es ist ein Prinzip, das umstritten ist bei Lehrern und Lernenden: Wichtig ist, dass man die großen Zusammenhänge kennt und weiß, wo man nachschauen muss, man die Details einordnen kann. Wichtig ist das gesamte Bild, nicht die kleinen Details. Heute ist es viel einfacher geworden, die kleinen Details zu vergessen. Schließlich können wir sie jederzeit wiederfinden, das Internet hilft dabei. Google oder Wikipedia sind die besten Nachschlagewerke, die es zurzeit gibt. Manchmal helfen sie auch bei ganz trivialen Dingen.

Die Schularbeit würde eine Übersetzung eines Teils aus dem galli-schen Krieg sein, so viel stand fest. Der Lehrer gab zur Vorberei-tung eine Seite mit verschiedenen Vokabeln mit. Kein Problem, damit die entsprechende Seite zu finden, die übersetzt werden sollte, und sich auf die Arbeit vorzubereiten. Das sprach sich in der Klasse rum. Fast jeder hatte schließlich eine Übersetzung dabei. Doch weil der Lehrer kein Unmensch war, hatte er einige beson-ders schwere Passagen herausgekürzt. Umso erstaunter war er, als er diese übersetzt in einigen der Arbeiten fand.

Schummeln bei Schularbeiten ist kein neues Phänomen. Ge-nauso wenig wie die Erkenntnis, dass man auch beim Schummeln lernen kann. Wer also den Text mit den gekürzten Stellen abgab, war dumm, wem das aufgefallen ist, der war schlau. Viele, die heute aus dem Internet kopieren, stellen sich eher dumm an. Der Lerneffekt ist kaum noch vorhanden.

«Wie viele Wörter muss ich umstellen, damit es kein Plagiat mehr ist?» Professoren an verschiedenen Universitäten müssen sich bisher ungekannte Fragen anhören. Studenten klicken ihre Haus-arbeiten mit Google zusammen, genauso, wie sie Musik oder die neuesten Filme aus dem Netz holen. Es gibt Seiten, die vorgefer-tigte Hausaufgaben für Schüler anbieten (hinter manchen verber-gen sich übrigens Abo-Fallen der übelsten Art). Sie werben damit, dass man sich nicht mehr abmühen muss, sondern es auch so geht: die Seminararbeiten mit wenigen Mausklicks erledigen.

Eine Zeit lang ging es auch so, da merkten Professoren oder Lehrer tatsächlich selten, dass sie es mit Plagiaten zu tun hatten.

Hausaufgaben abzuschreiben ist keine neue Idee, sie entstand wahrscheinlich bereits kurz nach Erfindung der Hausaufgabe. Doch bis zur Erfindung des Internets ging das nur im kleinen Stil. Man schrieb bei Freunden ab, ließ die Eltern mithelfen. An der

Uni suchte man sich die interessanten Stellen in der Bibliothek zusammen und veränderte sie so, dass es nicht mehr auffiel.

Mit dem Internet ist das anders geworden: professioneller, dreister und auch oft dümmer. Manche Professoren fragen sich inzwischen, für wie dumm ihre Studenten sie eigentlich halten. Die halten es oft nicht einmal für nötig, Schriftgröße oder -art an den Rest der Arbeit anzugleichen, wenn sie Texte aus dem Internet hineinkopieren. Gleichzeitig sind sie nicht darauf vorbereitet, dass auch die Universitäten aufrüsten. Oft verlangen diese inzwischen die Arbeiten in digitaler Form. Spezielle Programme können diese dann mit Fundstellen im Internet abgleichen und Plagiate enttarnen.

Auch wenn sich die Anzahl der Arbeiten, bei denen kopiert wird, im einstelligen Prozentbereich bewegt: Sie ist ein Signal dafür, wie im Zeitalter des Internets gelernt wird, wie wir unser Wissen vertiefen – oder auch nicht.

Eine einfache Probe sollte genügen: Wann haben Sie das letzte Mal etwas bei Wikipedia nachgeschlagen? Was war das? Können Sie das Ergebnis kurz zusammenfassen? Die erste Antwort wird vermutlich «Heute» lauten, bei der zweiten Frage werden Sie sich nicht sicher sein und die dritte werden Sie nur sehr ungenau beantworten können.

Zumindest sind das Ergebnisse von Untersuchungen, die herausfinden möchten, was man von dem behält, was man im Internet liest. Was hängen bleibt, was man lernt. Und das ist erschreckend wenig. Wer viel mit dem Computer arbeitet und auch noch dauerhaft mit dem Internet verbunden ist, wird sich abends oft fragen, was er eigentlich den ganzen Tag über getan hat, wonach er gesucht hat, welche Artikel er gelesen hat. Das Netz ist eine Maschine, die unsere ganze Aufmerksamkeit erfordert, unsere Sinne unter Dauerfeuer nimmt, unsere Aufmerksamkeit in Beschlag nimmt, aber erstaunlich wenig zurückgibt. Und dabei steht uns doch angeblich das ganze Wissen der Welt mit ein paar Mausklicks zur Verfügung.

Wer ein Buch liest, konzentriert sich darauf. Er wird nur selten aufstehen, ein Lexikon holen, um einen Begriff nachzuschlagen, den er nicht kennt. Er wird sich auf den Gedankenfluss des Autors einlassen, wenig Ablenkung suchen. Ganz anders dagegen im Netz. Wer dort einen Text liest, ist in einer Umgebung, in der viele Dinge um seine Aufmerksamkeit buhlen. Irgendwo blinken Werbebanner, das E-Mail-Programm zeigt den Eingang neuer Post an, in einem Instant Messenger meldet sich ein Freund für einen kurzen Schwatz. Alle diese Dinge hindern uns daran, einen Text aufmerksam zu lesen – von vorne bis hinten, jedes Wort, ohne Unterbrechung, wie in einem Buch.

Doch das geänderte Leseverhalten beruht nicht nur auf der unruhigen Umgebung, sondern auch auf der Struktur eines Internettextes. Der große Vorteil des Internets ist gleichzeitig sein großer Nachteil: die Verknüpfung verschiedener Themen, die Verbindungen zwischen den einzelnen Seiten, der einfache Verweis auf Quellen oder weiterführende Texte. Hypertext nennt sich diese Form.

Hypertext ist eine Idee, die deutlich älter ist als das Internet. Geprägt hat den Begriff der amerikanische Soziologe Ted Nelson 1965. Die ersten Ideen dazu gibt es aber bereits seit den 1930er Jahren. Der Science-Fiction-Autor H. G. Wells zum Beispiel beschreibt in einem Aufsatz ein «World Brain», ein Weltgehirn; er erdenkt ein automatisiertes System, das jedes Buch, jeden Text beinhaltet und Interessierten sofort zur Verfügung stellt. Im gleichen

Text greift er die gängigen Enzyklopädien an, die elitäres Wissen für elitäre Personen zur Verfügung stellen und die schnelle Entwicklung des Wissens und der Technik verpassen. Eine Idee, die heute und mit der Erfindung des Hypertextes im Internet Wirklichkeit geworden zu sein scheint.

Doch Hypertext ist nicht nur sinnvoll. Er macht auch etwas anderes durch seine Verweise: Er lenkt vom eigentlichen Text ab. Er schickt seine Leser auf eine Reise, von der sie oft nicht zurückkommen. Sie schauen, was sich hinter einem Link verbirgt, folgen diesem, finden im nächsten Text wieder einen und folgen diesem ebenfalls. Das machen sie so lange, bis sie nicht mehr wissen, was eigentlich ihr Ziel war. Konzentriertes Arbeiten ist etwas anderes.

Die Struktur des Internets steht konzentriertem Arbeiten ebenso entgegen wie die Interessen von Werbekunden, Suchmaschinen und Seitenbetreibern. Wer nur eine Seite liest, handelt gegen die Interessen derer, die im Internet Geld verdienen. Denn das Anklicken eines Links ist das, was Geld bringt. Deshalb wird sich die Struktur des Internets auch nicht ändern. Im Gegenteil: Die Verlinkung, das Springen von einem Ort zum nächsten, soll möglichst auf viele weitere Bereiche ausgedehnt werden, auf Bücher oder aufs Fernsehen zum Beispiel. Und das wird nicht nur unser Lernen und unseren Kulturkonsum verändern, sondern auch unser Gehirn.

Lernen und Wissen erwerben im Netz erfordert viel Konzentration, mehr als wir meistens aufbringen können, denn die Ablenkungen sind vielfältig und äußerst attraktiv. Mehr noch: Sie stimulieren unser Gehirn, geben ihm immer neue Impulse, füttern es. Und wir nehmen das dankbar an, denn es unterhält uns, beschäftigt uns. Doch gleichzeitig sorgen wir so dafür, dass einmal Gelesenes nicht vertieft werden kann. Informationen aus dem Zwischenspeicher des Gehirns gelangen nicht in den Teil, in dem sich Informationen oder Wissen langfristig festsetzt.

Es dauert zwei bis drei Tage, bis Informationen sich so im Hirn verfestigen, dass sie auch dauerhaft zur Verfügung stehen. Dann haben sich genügend Verknüpfungen gebildet, um das Wissen festzuhalten, es nicht wieder zu vergessen.

Das Gehirn verarbeitet alles, was es vorgesetzt bekommt – ob wir wollen oder nicht. Beim Surfen im Internet bewegen wir uns schnell von einem Thema zum nächsten und lassen unserem Gehirn nicht die benötigte Zeit, um Informationen dauerhaft abzuspeichern. Untersuchungen zeigen, dass das Langzeitgedächtnis bei Menschen, die lange Zeit im Internet surfen, weniger ausgeprägt ist. Gehirnbereiche, die auf die Verarbeitung von schnellen Reizen spezialisiert sind, dagegen sehr viel ausgeprägter sind als bei anderen Menschen. Das Internet hilft, schneller Entscheidungen zu treffen, es hilft aber nicht dabei, Wissen zu vertiefen.

Es ist paradox, dass ein Medium, das so viel Wissen bereitstellt, daran scheitert, es zu vermitteln. Vielleicht, weil es zu zielgerichtet ist, weil es den großen Zusammenhang, die Umgebung der Information aus den Augen verliert, weil es sich nur um die eine Information kümmert, die man sucht, und diese häufig aus dem Zusammenhang gerissen präsentiert. Und weil es den Suchenden gleich weiterschickt über einen Link, der in dem gefundenen Textstück auftaucht.

Man sucht beispielsweise nach einer Person, klickt im gefundenen Text auf den Geburtsort, findet auf der sich neu öffnenden Seite eine Jahreszahl, die einen wiederum zu einem Ereignis bringt, das wiederum mit etwas anderem verlinkt ist. Und allerspätestens jetzt hat die Recherche überhaupt nichts mehr mit dem ursprünglich gesuchten Thema zu tun.

Wer etwas wissen will und die Antwort darauf im Netz sucht, wird im Regelfall schnell zum Ziel kommen. Wer in einem Buch, einer Fachzeitschrift etwas sucht, wird länger brauchen – bei dieser Suche aber auch auf Informationen stoßen, die ihn weiterbringen, denn sie haben unmittelbar mit dem Thema zu tun, sonst würden sie nicht im Buch oder in dem betreffenden Artikel stehen. Im Netz funktioniert das nicht.

Eine Suche im Internet soll zum Ziel führen, direkt und ohne Umwege. Die Suchmaschine bestimmt, was gefunden wird. Das macht sie immer präziser, je länger sie uns kennt. Sie lässt uns dabei glauben, dass ihre Benutzung der effizienteste Weg ist, um an Informationen zu kommen. Sie will den Zufall ausschalten, weil der uns vom Thema ablenkt. Sie analysiert unser bisheriges Suchverhalten und schlägt uns Seiten vor, die denen ähneln, die wir bereits angeklickt haben. Sie bestätigt unser bisheriges Verhalten und verstärkt es, indem sie die immer enger gefassten Suchen mit in die nächste Suchanfrage einbezieht. Sie dreht sich also mit uns im Kreis.

Dabei müsste doch eigentlich bekannt sein, wie wichtig der Zufall ist. Selbst einer der großen Männer der neuen Technik weiß das: Steve Jobs, der in dem von ihm konzipierten Filmstudio Pixar die Toiletten so gelegt hat, dass sich Mitarbeiter immer wieder über den Weg laufen, obwohl sie in ganz unterschiedlichen Teilen des Gebäudes arbeiten. Sie sollen ins Gespräch kommen und so auch neue Ideen entwickeln.

Google macht das Gegenteil: Es baut uns – um im Bild zu bleiben – die Toilette direkt an den Computer. So, dass wir keine Chance haben, andere zu treffen, die unsere Ideen erweitern oder in Frage stellen können. Effizienz ist eindimensional.

«Die Zeit ist reif, sich von der Linearität des Buches zu verabschieden», schreibt Mark Federman, ein Forscher an der Universität von Toronto. Die wichtigste Fähigkeit, so glaubt er, wird nicht mehr das Lesen sein, sondern neue Bedeutungen in einem Medium zu finden, das ständig im Fluss ist. Das Fließen im Internet, das Aufspüren von Trends und Erkenntnissen. Ob das so einfach ist, darf bezweifelt werden. Doch wir arbeiten bereits daran, dass es so wird. Nicht nur bei Büchern, sondern bei aller Kultur. Sie wird klein gehackt, gestückelt und in handlichen Häppchen gereicht. Sie wird konsumierbar gemacht. Und damit auch als Beilage für den Konsum passend gemacht.

iPod-Füllung: Konsumgut Kultur

9945 Lieder sind auf meinem iPod. Das sind 746 Alben und 1065 Interpreten. Würde ich jetzt anfangen, alles zu hören, bräuchte ich 27 Tage und 14 Stunden, bis ich durch wäre. Unwahrscheinlich, dass ich das dieses Jahr noch schaffe. Unwahrscheinlich, dass ich jemals alles hören werde, was auf dem Gerät gespeichert ist.

Dennoch: Viel Speicherkapazität ist wichtig beim Kauf, es soll genug Musik auf den iPod passen, um auch lange Reisen zu überstehen, um für verschiedene Stimmungen vorgesorgt zu haben. Für endlose Flugreisen, bei denen genug entspannende Musik zum Dösen vorhanden sein soll, Bahnreisen, bei denen Vieltelefonierer mit lauter Musik aus dem Kopf vertrieben werden müssen, freundliche Lieder, die einen Herbstspaziergang verschönern. Ein Teil der Musiksammlung muss immer dabei sein. Auch um schnell mal einen Song rauszusuchen und ihn einem Bekannten vorzuspielen. Schließlich ist Musik auch ein Statussymbol.

Am 14. Juli 1995 bekommt ein Dateiformat eine neue Endung, einen neuen Namen: Aus .bit wird .mp3. Es ist der Tag, an dem der Siegeszug des MP3-Formates beginnt. Er wird die Musikindustrie ändern und dazu den Umgang von Hörern mit Musik. Es ist ein Tag, den die Musikbranche vermutlich ganz aus dem Kalender streichen möchte.

MP3 ist der Kurzname eines Verfahrens, die Datenmenge zu verkleinern, die ein Musikstück auf einer Festplatte oder einer CD braucht. Mitte der 1990er Jahre ist das dringend notwendig, denn Festplatten sind zum einen noch recht klein, zum anderen teuer. MP3 verkleinert Musikdateien auf bis zu zehn Prozent ihrer ursprünglichen Größe. Dabei wenden die Erfinder vom «Erlanger Fraunhofer Institut für integrierte Schaltungen» einen Trick an. Während normale Dateien alle Klänge eines Musikstückes digitalisieren, filtern sie Klänge heraus, die das Ohr nicht hören kann, die überlagert sind von anderen, dominanteren Klängen. Vom eigentlichen Musikstück bleibt somit eine Art Hülle übrig, die aber immer noch so klingt wie das Original. Zumindest ist das in der Theorie so, je nach eingestellter Komprimierung kommt es zu deutlichen Klangverlusten.

Das Verfahren verbreitet sich schnell. Filmstudios und Videospielentwickler benutzen es, weil es Speicherplatz auf den benutzten Medien wie CD und DVD spart. Musikfans entdecken es, weil man auf einmal Musikdateien über das Internet tauschen kann. Wenn die Datei nur zehn Prozent der Originalgröße hat, verkürzt sich auch die Übertragungszeit auf zehn Prozent. Das ist wichtig in Zeiten, in denen das Internet noch per Modem ins Haus kommt und nach Surfdauer abgerechnet wird. Nun können Aufnahmen in kurzer Zeit kopiert und über das Internet verteilt werden – das hat erhebliche negative Auswirkungen für die Musikindustrie.

Im Juni 1999 geht Napster online. Solch ein Programm hat es vorher noch nicht gegeben. Wer Napster installiert, gibt dem Programm Zugriff auf die Musikstücke, die auf der eigenen Festplatte lagern. Name, Künstler und Albumtitel werden gelesen und an einen zentralen Server geschickt. Sucht jetzt ein anderer Napster-Nutzer nach genau diesen Stücken, so kann er sie sich direkt von der Festplatte kopieren. Napster ist ein sofortiger Erfolg. In manchen amerikanischen Universitäten brechen die Netze zusammen, weil zu viel Musik über sie getauscht wird. Die Kapazität der Leitungen ist nicht für Napster gemacht. Napster ist verantwortlich für die vielleicht größte Enteignungswelle der Internetgeschichte, schreibt ein Autor. Nie zuvor wurde sich so hemmungslos an Dingen bedient, die eigentlich Geld kosten. Napster macht aber noch viel mehr. Es nimmt seinen Nutzern das Unrechtsbewusstsein. Alle machen es, also muss es ja in Ordnung sein. Die Opfer sind die Künstler und die Plattenfirmen. Sie werden von dieser Entwicklung überrascht, verklagen Napster und bekommen Recht. Napster muss im Juli 2001 den Service einstellen und geht einige Zeit später in Konkurs. Für die Musikindustrie ist es trotzdem zu spät: Das Modell Napster findet Nachahmer, die geschicktere, dezentrale Verteilungsmöglichkeiten entwickeln. Auch heute noch werden viele Dateien über das Netz getauscht.

Einmal im Jahr, bei der Vorstellung neuer Geschäftszahlen, wiederholt sich seit einiger Zeit die Klage der Musikindustrie. CDs verkaufen sich schlecht, es wird zu viel kopiert, bald ist man pleite. Die Regierungen sollen sich darum kümmern, dass das Urheberrecht durchgesetzt und den Raubkopierern ein Riegel vorgeschoben wird. Es ist eine Klage, die gerechtfertigt ist. Aber allein die Kopien für den Niedergang verantwortlich zu machen, ist nur die halbe Wahrheit. Es hat vielmehr auch damit zu tun, dass die Musikbranche die Entwicklungen verschlafen hat. Sie hat zu spät erkannt, welche Möglichkeiten MP3 ihr eröffnet, stattdessen hat sie den Kopf in den Sand gesteckt und gehofft, alles würde von alleine wieder gut werden. Wurde es natürlich nicht.

Die Musikindustrie hat lange Jahre so getan, als ob sie das Rad zurückdrehen könnte, als ob sie das MP3-Format verbieten könnte, iPods und andere digitalen Musikspieler abschaffen. Sie ist in einen Krieg mit ihren Kunden getreten. Hat sich gesperrt, wenn es um den Verkauf von digitalisierter Musik ging, hat CDs mit einem absurden Kopierschutz versehen und den Kunden das Gefühl gegeben, dass sie froh sein dürften, überhaupt die Musik hören zu können.

Die sind das aber nicht. Wenn CDs nicht im Autoradio funktionieren oder im Computer am Arbeitsplatz nicht abgespielt werden können, sind sie sauer. Zu Recht. Denn Musik soll überall gehört werden können, nicht da, wo es die Industrie vorschreibt. Es ist also kein Wunder, wenn immer mehr Musikhörer auf illegale Angebote zurückgreifen. Über Tauschbörsen wie Napster konnte man MP3s herunterladen, die in der Klangqualität kaum schlechter als das Original waren – und zudem überall abgespielt werden können. Die Hürden, die die Musikindustrie vor das Hören ihrer Produkte gesetzt hat, rechtfertigen die Kopien nicht, aber sie erklären sie zu einem Teil.

Ein anderer Teil der Erklärung ist, dass die Großen der Musikbranche bereits seit längerer Zeit den Glauben an gute Musik verloren haben. Den Glauben daran, dass man Künstler langfristig halten und aufbauen muss, damit sie auf Dauer Erfolg haben. Wer heute groß ist, stammt fast immer aus einer anderen Zeit: U2, Madonna und auch noch die Rolling Stones. Sie sind Garanten für volle Konzerte, für gute CD-Verkäufe. Die Industrie heute setzt dagegen auf Retortensternchen, die wenig kosten und nach einer CD wieder verschwunden sind. Wenn die Plattenfirma nicht an ihre Künstler glaubt, wie sollen es dann die Kunden tun? Wie sollen sie glauben, dass es wichtig ist, die neue CD eines Casting-Show-Siegers im Original zu besitzen und nicht nur als Kopie?

Es geht auch anders: Wer mit Mitarbeitern kleinerer Plattenfirmen spricht, den so genannten Indies, den unabhängigen, wird Erstaunliches hören. Auch sie klagen darüber, dass ihre Musik kopiert wird. Doch sie stellen fest, dass das längst nicht in dem Ausmaß geschieht wie bei den großen Firmen. Sie haben Bands in ihrem Programm, die einen loyalen Fankreis haben. Und diesen Fans bedeutet es etwas, die Musik zu kaufen. Sie wissen, dass sie damit ihre Lieblingskünstler unterstützen und ihnen ermöglichen, weiterhin Musik zu machen. Das gilt bei den kleinen Sternchen der Großen nicht. Hier fehlt die Bindung.

Und das hat den Boden bereitet für die Tauschbörsen. Wem die Musik egal ist, die er täglich hört, wer bei der Arbeit nur Formatradio hört, in dem die immer gleiche Auswahl an Stücken heruntergenudelt wird, ist sehr viel eher dazu bereit, sie zu kopieren. Außerdem: Mit irgendwas muss doch der iPod gefüllt werden, da ist doch so viel Platz drauf. Ob all die illegal kopierte Musik jemals wirklich gehört wird, ist eine ganz andere Frage.

Der Einbruch der Musikindustrie erklärt sich also durch eine unheilvolle Kombination aus mangelnder Wertschätzung und der auf einmal sehr einfach gewordenen Möglichkeit, Musik zu kopieren und zu speichern. Ohne großen Klangverlust und deutlich schneller, als das bei den davor üblichen Musik-Kassetten möglich gewesen wäre. Die Hersteller MP3-fähiger Geräte haben naturgemäß wenig Interesse daran, den Gebrauch einzuschränken, schließlich verdienen sie daran, dass die Menschen ihre Geräte so benutzen können, wie sie es wollen. Doch dann tritt Apple auf den Plan.

Es ist ein Dienst an der Musik, sagt Steve Jobs, wenn er über die Hauptaufgabe des iPods spricht. Das Gerät, mit dem Musik wieder Teil unseres Lebens werden soll. Mit dem wir sie wieder wertschätzen sollen – und mit dem wir vor allem Apple Profit bringen sollen. Denn der iPod funktioniert ganz hervorragend im Zusammenspiel mit einem Apple-Computer und einem darauf installierten iTunes. iTunes ist ein Programm, mit dem man seine digitalisierte Musik verwalten kann – und iTunes ist auch ein Laden, ein Online-Geschäft, in dem man schnell neue Musik im MP3-Format kaufen kann. Apple wird innerhalb weniger Jahre zum größten Musikhändler der USA und wird auch dafür verantwortlich sein, dass sich die Art, Musik zu hören, verändert. Und vielleicht auch die Art, Musik zu machen.

Ein Popsong dauert drei Minuten, höchstens. Je länger, desto schlechter die Chancen, dass er im Radio läuft. Die drei Minuten passen auch prima auf eine Single, ein Stück Vinyl, 17,78 Zentimeter im Durchmesser. Wenn genug Singles erschienen sind, kann man die Lieder auch mit etwas Füllmaterial auf einer Langspielplatte sammeln.

So sind die ersten Alben der Beatles entstanden, so wurden bis Mitte der 1960er Jahre Platten gemacht. Die Single ist das wichtige Medium. Auf ihr ist das Stück, das im Radio gespielt wird, das in den Jukeboxen läuft. Das, was gekauft wird. Doch dann erscheint «Blonde on Blonde» von Bob Dylan, «Sgt. Peppers Lonely Hearts Club Band» von den Beatles, «Pet Sounds» von den Beach

Boys. Alben, die plötzlich nicht mehr als Ansammlung von Songs fungieren, sondern zu einer eigenen Kunstform werden. Eine Sammlung von Liedern, die aufeinander abgestimmt sind, oft auch eine gemeinsame Geschichte erzählen.

Bands fangen an, Konzeptalben zu machen, Rockopern. Das Album ist ein Werk, etwas, das man von vorn bis hinten hören muss, um es zu verstehen. Etwas, das oft als Gesamtwerk besser funktioniert als in Einzelteilen.

Mitte 2010 verschwinden auf einmal viele Alben der englischen Band Pink Floyd aus iTunes und anderen Download-Portalen. Die Band hat erfolgreich gegen die Praxis geklagt, einzelne Stücke separat zu verkaufen. Die Alben, so sagen die Musiker, sind ein Ganzes, das nicht geteilt werden darf. Sie sind als Gesamtwerk konzipiert, viele Stücke gehen ineinander über. Ihnen geht es darum, die Kontrolle über ihr Werk behalten zu wollen, selbst zu bestimmen, wie und in welcher Form ihre Musik verkauft wird. Pink Floyd ist eine der wenigen Bands, die so strikt ist mit ihrem Material, sie kann es sich zudem leisten, denn alle noch lebenden Mitglieder der Band sollen Multimillionäre sein. Nicht alle können es ihnen nachtun, auch aus wirtschaftlichen Zwängen. Aber es wird nicht wenige Musiker geben, die ähnlich denken.

Die Kunstform des Albums wird durch iTunes zerstört. Es wird zerhackt in einzelne Stücke, die 99 Cent kosten und ihre ursprüngliche Form, ihren Zusammenhang verlieren. Die Käufer suchen sich einzelne Stücke zusammen, spielen sie auf ihren MP3-Spieler. Der wird dadurch eher ein Radio, in dem Stücke verschiedener Künstler nacheinander laufen. Die klassische Form der Schallplatte findet kaum noch eine Entsprechung auf dem Gerät. Das spiegelt sich auch in den neu erscheinenden Pop-Alben wieder.

Die gehen nämlich einen Schritt zurück – vor die 1960er Jahre, in die Zeit, in denen sie wenig mehr waren als nur eine Ansammlung von Stücken.

Musikhören wird dadurch beliebiger und entzieht sich immer mehr der Kontrolle durch die, die sie machen. Ihre Vorgaben, ihre Ideen werden missachtet, der Konsument macht sich die Musik zu eigen. Musik wird so zu einem Produkt, das man konsumiert, und verliert den Status von Kunst. Eine Stimmung, die die Künstler erzielen wollen, kann nicht mehr entstehen, wenn ein Album nicht mehr als Ganzes gehört wird. Das muss nicht zwangsläufig schlecht sein und wäre es dann nicht, wenn der Anreiz größer wäre, das gesamte Album als eine Einheit zu verstehen und damit als Ganzes zu kaufen und zu hören.

Bei einem anderen Kulturgut geht die Entwicklung in eine ähnliche Richtung, dem Buch.

Spätestens seit Erfindung des Buchdrucks gilt das Buch als das Maß aller Dinge, wenn es um Kultur, um Lernen, Gelehrtheit geht. Wer liest, ist ein gebildeter Mensch. Bücher speichern Wissen, das wir abrufen können. Das Lesen von Büchern ist dabei ein meditativer Prozess, in dem wir Informationen langsam aufnehmen und vertiefen. Indem wir konzentriert lesen, lernen wir konzentriert. Und wir lernen dabei, uns zu konzentrieren. Das soll sich ändern.

«Niemand liest mehr ‹Krieg und Frieden›, es ist zu lang und einfach nicht interessant.» Stimmen, die so etwas verkünden, sind mehr und lauter geworden. Es sind nicht nur überzeugte Lesemuffel, sondern auch Wissenschaftler, die das Ende der Literatur verkünden. Natürlich ist einiges davon polemisch, aber die Grundidee verbreitet sich immer mehr: Das Lesen eines Buches wird nicht mehr daran gemessen, welche Emotionen es anspricht, welche Gedanken es beim Leser auslöst. Der Wert eines Buches wird am Wert der Informationen gemessen, die man aus ihm holen kann, und daran, wie dicht die Informationen im Buch verteilt sind. Marcel Proust und Leo Tolstoi haben da keine Chance, Thomas Mann und James Joyce vermutlich genauso wenig. Es sind Gedanken wie diese, die die Google-Buchsuche so erschreckend werden lassen.

Denn die Art und Weise, wie sich Google den Büchern nähert, ist eine, die an Effizienz gekoppelt ist. Google möchte gar nicht, dass wir ganze Bücher lesen. Es möchte, dass wir die für uns relevanten Informationen innerhalb kürzester Zeit finden. Genau so, wie man im Netz sucht, soll man auch in der Literatur suchen.

Die Google-Buchsuche muss man sich ungefähr so vorstellen, als ob man sich einem Buch über das Stichwortverzeichnis nähert. Es interessiert nicht das Werk an sich, sondern eine bestimmte Textstelle. Diese findet man schnell. Die Online-Suche kann die passenden Stellen finden. Sie macht aber mehr als das: Sie verkürzt Bücher auf prägnante Zitate, garniert diese mit Werbung und setzt sie so dem Internetsurfer vor. Das Buch verliert damit ähnlich wie ein Musikalbum seinen Status als geschlossenes Werk und wird nur noch zu einer Ansammlung von Gedanken, die wir dann abrufen, wenn wir sie brauchen. Dabei lassen wir den größeren Zusammenhang, den sie bilden und von dem sie Teil sind, außer Acht.

Die Art und Weise, wie wir Bücher lesen, wird sich auch durch eine andere Entwicklung verändern. Das gedruckte Buch ist auf dem Rückzug, in Europa langsam, in den USA deutlich schneller. Der Online-Händler Amazon macht in den USA bereits 20 Prozent seines Buchumsatzes mit elektronischen Büchern, den so genannten E-Books. Das sind Bücher, die in Dateien umgewandelt sind und die auf Lesegeräten wie Apples iPad oder Amazons Kindle angezeigt werden können.

Bücher werden digitalisiert, sie werden mit Hyperlinks versehen, sie werden Informationen im Kontext liefern, Bonusmaterial wie bei Film-DVDs mitliefern – all dies verleitet dazu, die eigentliche Lektüre zu unterbrechen, holt uns also leicht aus dem Lesefluss. Die Geräte sind zudem nicht einfach nur für das Anzeigen von Büchern da, sie sind Computer. Und wie diese werden sie uns ablenken. Sie werden uns auf eingehende E-Mails hinweisen, auf die neuesten Nachrichten, die erneuerte Wettervorhersage, neue Twitterbotschaften, neue Kommentare bei Facebook. Sie werden alles dafür tun, dass wir prächtig unterhalten werden. Sie werden nur eins nicht tun: uns in Ruhe lesen lassen.

Auch wenn wir all die Benachrichtigungen abstellen können: Wir werden es gar nicht machen wollen. Denn sie geben uns das Gefühl, am Puls der Zeit zu sein, nichts zu verpassen. Selbst dann, wenn die Informationen unwichtig sind und wir das wissen.

Die Wertschätzung des Buches wird sich mit dem neuen Trägermedium ebenso verändern wie der Wert der Musik zuvor. Sie werden entwertet. E-Books oder die Google-Büchersuche laden dazu ein, nur noch kleine Abschnitte zu lesen. Wer aber nur Auszüge liest, taucht nicht in die Gedankenwelt des Autors ein, erlebt damit auch nicht die Atmosphäre, die ein Buch erzeugen, die Stimmungen und Emotionen, die es vermitteln kann. Kultur wird allein darauf reduziert, was sie einbringt. Die vorherrschende Frage ist: Welcher Gewinn ist daraus zu ziehen, welcher Nutzen?

Es geht um Bruchstücke blanken Wissens, die zu etwas Neuem zusammengebaut werden oder, und dies ist wohl meistens der Fall, schnell wieder vergessen werden. Denn was wir über Suchmaschinen im Internet finden, ist immer aufgrund von Algorithmen gefunden worden, nicht aufgrund von Gefühlen oder Intuition – auch wenn uns diverse Dienste etwas anderes glauben lassen wollen.

Neues aus dem Twitter: die Beschleunigung der Nachrichten

Es sind die alten Medien, die unter dem Internet leiden, vor allem das gedruckte Wort. Die Auflagen vieler Zeitungen gehen zurück, in den USA sind schon einige Blätter eingestellt worden. Dort macht das Zeitungssterben selbst vor Traditionszeitungen nicht halt. Das liegt nicht nur am Internet, sondern an den Zeitungen selbst, denn die haben noch keinen Weg gefunden, um mit dem Internet zu konkurrieren oder es entsprechend für sich zu nutzen.

Es war ein Fehler, den Versprechungen blind zu vertrauen, die an das neue Medium geknüpft wurden: Es würden sich neue Geldquellen auftun, das Internet biete riesige Anzeigenmärkte, Massen von Lesern würden sofort die Online-Ausgaben der Zeitungen und Zeitschriften stürmen. Es war ein Fehler, der kaum noch rückgängig zu machen ist, in der Hoffnung auf Anzeigengeld den Inhalt von Zeitschriften im Internet umsonst anzubieten und große Redaktionen aufzubauen.

Das hat nicht geklappt. Nach einem ersten Hoch fallen die Anzeigenpreise schnell. Die Mengen an Lesern, die man braucht, um die nötigen Klicks zu machen, kommen nicht. Denn Anzeigenpreise im Internet werden zu dieser Zeit noch hauptsächlich danach berechnet, wie oft die Seite aufgerufen wird, auf der die Anzeigen stehen. Ganz im Gegensatz zu Anzeigen in gedruckten Zeitungen, hier richten sich die Preise nach der Größe der Anzeige und der Auflagenzahl.

Die Regelung im Internet führt zu merkwürdigen Auswüchsen: Wenn zum Beispiel die Anzeigenabteilung eines Online-Portals einem Erotik-Anbieter weit mehr Anzeigenplätze verkauft, als das Portal an Klicks liefern kann. Und dann die gesamte Redaktion, die eigentlich dafür zuständig ist, Artikel zu schreiben, nur noch damit beschäftigt ist, Bildergalerien zu erstellen oder lange Quiz- und Puzzlestrecken, die wenig Inhalt haben, aber schnell mehr Seiten schaffen, auf denen Anzeigen stehen können. Oft geht es nur noch darum, den Inhalt einer Online-Zeitung darauf auszurichten, dass der Leser Anzeigen anklickt. Die Leser werden also nicht mehr als Leser wahrgenommen, sondern als Klickvieh.

Die Stimmung ist in vielen Redaktionen schnell verzweifelt, in vielen ist sie das heute noch. Die Geschäftsidee funktioniert nicht so, wie man sich das gedacht hat, die Anzeigenkunden bleiben aus – und auch die Leser. Schnell werden fragwürdige Geschäfte gemacht. So genannte Specials über Filme oder neue Autos werden produziert, finanziert von denen, über die berichtet wird. Unabhängige Berichterstattung ist etwas anderes.

Viele Redaktionen, die um die Jahrtausendwende aus dem Boden gestampft werden, schrumpfen rasch wieder. Und mit ihnen auch der gedruckte Teil der jeweiligen Zeitung. Im Internet überleben können nur die größten Portale. Die, die von Anfang an dabei sind, eine treue Leserschaft mitbringen und alle wichtigen Themen des Tages behandeln. Der Verdrängungsprozess ist groß, auch weil sich viele Leser schnell auf eine Seite festlegen, denn wer eine Nachrichtenseite liest, muss keine andere mehr lesen. Es stehen sowieso auf vielen Seiten die gleichen Meldungen. Was für Redaktionen zählt, ist die Schnelligkeit, mit der Nachrichten verbreitet werden, nicht die Unterscheidungsmerkmale. Die Vielfalt der Angebote stirbt aus. Die Großen überleben, die Kleinen haben keine Chance. Sie haben weder eine große Redaktion, noch genügend Geld. Und sie werden es auch nicht mehr bekommen.

Immer wieder gibt es Versuche, das Rad zurückzudrehen, Geld zu nehmen für die Online-Zeitungen. Doch das ist wenig Erfolg versprechend. Wenn man eine Zeitung nicht mehr erreicht, weil sie etwas kostet, ist die nächste kostenlose nur einen Mausklick entfernt.

Ist das gedruckte Wort besser oder wichtiger als das am Bildschirm angezeigte? Ist ein Journalist, der für eine gedruckte Zeitung schreibt, besser als der, der für ein Online-Magazin schreibt? Es ist ein Kampf, der immer wieder aufflammt in den Feuilletons. Doch die, die da kämpfen, sind selbst Teil des Systems. Es sind die, denen etwas weggenommen wird, auf der einen und die Emporkömmlinge, denen die Welt zu Füßen liegt, auf der anderen Seite. Sie sind nicht besser oder schlechter, sie arbeiten nur in verschiedenen Medien und unter verschiedenen Bedingungen.

Gleichwohl gibt es gute Gründe, den gedruckten Magazinen nachzutrauern und Online-Magazinen zu misstrauen oder sie zumindest kritisch zu beleuchten. Nicht, weil irgendjemand seine Arbeit besser oder schlechter macht, sondern weil sie systembedingt dafür sorgen, dass die Vielfalt abnimmt. Online-Magazine werden optimiert auf Geschichten, die auch gelesen werden und das sind die, die am lautesten schreien. Diese Entwicklung erscheint wie ein Paradox, weil sie sich doch eines Verbreitungsmediums bedienen, das viel auf seine Vielfalt hält.

Wer einmal in den Redaktionskonferenzen eines gedruckten Magazins gesessen hat, weiß, mit welcher Vehemenz für Themen gestrit-
ten wird. Wie sehr darum gerungen wird, eine Geschichte ins Heft
zu bekommen. Nicht, weil sie von vielen Menschen gelesen werden
wird, sondern weil jemand sie relevant findet, weil sie ins Heft gehört, damit die Mischung stimmt. Die Mischung ist einer der Lieb-
lingsbegriffe von Blattmachern. Sie sagt aus, welche Themen ein
Heft umfasst und wie diese gewichtet sind. Jeder potentielle Leser
soll etwas im Magazin finden, das ihn sofort anspricht. Gleichzeitig
soll er über Themen stolpern, von denen er vorher nicht dachte,
dass sie ihn interessieren. Die Mischung hat immer etwas von Bil-
dungsauftrag, ebenso wie sie persönliche Eitelkeiten widerspiegelt.

Diesen Luxus leisten sich nur wenige Internetangebote. Denn
ein Online-Magazin funktioniert ganz anders als eine Zeitung. Jeder Artikel, der erscheint, jede Geschichte, jede Fotostrecke muss
für sich stehen. Sie müssen jeweils für sich Werbung machen.
Denn sie müssen angeklickt werden. Während man ein Magazin
kauft und dann darin blättert, ruft man im Internet eine Seite auf
und schaut sich die Teaser an. Das sind die kurzen Texte, die einem
die hinter dem Link folgende Geschichte schmackhaft machen sollen. Diese Klicks werden schnell ausgewertet. Ist eine Geschichte
gut gelaufen, wird eine ähnliche gleich hinterhergeschickt, ist sie es
nicht, dann verschwindet sie im Archiv und das Thema wird fallen
gelassen. Klicks sind die Währung, mit der Themen gemessen werden. Klicks sind die Zwänge, denen sich jeder unterwerfen muss,
der im Online-Journalismus arbeitet. Denn – und das ist der andere Unterschied zu einem gedruckten Heft – Klicks sind nicht
nur eine Wertung für eine Geschichte, sondern sie sind es auch, die
Geld bringen. Jeder Klick ist eine Anzeige, die angezeigt wird. Für
jede angezeigte Seite gibt es Geld.

Das ist nicht verwerflich, denn schließlich verdienen auch Druckerzeugnisse einen großen Teil ihres Geldes mit Anzeigenkunden. Doch bei den gedruckten Ausgaben ist es längst nicht so leicht zu kontrollieren, wer welche Seite liest, trotz exzessiver Marktforschung. Die läuft häufig so, dass Probelesern ein Heft vorgelegt wird und dann neugierig beobachtet wird, was derjenige anschaut. Was er liest, was er nur anliest und auf welche Seiten er wie lange schaut. Doch dieses Verfahren ist längst nicht so präzise wie die Auswertungen des Leseverhaltens im Internet. Jede einzelne Seite, jedes Foto, das sich ein Nutzer anschaut, taucht in der Statistik auf; es lässt sich sogar feststellen, wie lange ein Nutzer auf einer Seite war, bevor er sie wieder weggeklickt hat.

Gerade in kleineren Online-Angeboten bestimmt die Klickzahl das Thema. Man kann es sich schlicht nicht leisten, auf Leser zu verzichten, Geschichten zu schreiben, die nur einen kleinen Teil der Leserschaft ansprechen. Und so werden sich die Angebote immer ähnlicher, rufen nach Aufmerksamkeit, wollen immer nur schneller sein als die Konkurrenz. Und immer wieder werden sich Leser denken, dass ein Text vielleicht einfach mal eine Weile hätte liegen sollen, bevor er mit heißer Nadel gestrickt online gestellt wird.

Dabei braucht das Netz gute Journalisten mehr denn je. Menschen, die sich der Aufarbeitung all der Informationen widmen, die im Internet rauschen, die diese Informationen filtern, bewerten und einordnen. Menschen, die sich von all dem Geschrei nicht beeinflussen lassen, das auf Kanälen wie Twitter oder Facebook herrscht. Menschen, die geheime Dokumente einordnen können, die im Internet veröffentlicht werden.

91.731 Dokumente werden am 25. Juli 2010 unter dem Titel «Afghan War Diaries» (afghanische Kriegstagebücher) veröffentlicht. Es handelt sich dabei um geheime Dokumente des US-Militärs, die vom Krieg in Afghanistan berichten und schildern, was dort wirklich passiert, wie die Stimmung in der Armee ist, wo die Feinde sitzen, wer die Taliban unterstützt. Es ist die größte Menge an geheimen Dokumenten, die jemals aus der Armee an die Öffentlichkeit gelangt sind. Und sie sind im Netz erschienen, bei Wikileaks. Das ist eine Internetseite, die sich selbst als unzensierbar bezeichnet, die dezentrale Server überall auf der Welt betreibt. Einige davon lassen sich sicher abschalten, aber niemals alle. Der Gründer von Wikileaks ist Julian Assange, ein australischer Hacker mit einer Mission. Er möchte vollkommene Öffentlichkeit schaffen für alles, was Regierungen machen. Wikileaks soll dabei helfen. Es soll eine Plattform sein für Dokumente, Fotos und Videos, die über undichte Stellen aus geheimen Kreisen kommen. Daher auch der Name: Leak bedeutet so viel wie Leck, undichte Stelle. Wiki leitet sich davon ab, dass die Seite sich einer ähnlichen Technik wie Wikipedia bedient: Jeder kann darauf veröffentlichen, der Zugang ist nicht kontrolliert. Die Informanten sollen geschützt bleiben, ihre Namen unter keinen Umständen bekannt werden.

Auf Wikileaks finden sich unzählige Dokumente. Internes aus Firmen, Berichte von Geheimdiensten, Unterlagen von Scientology. Es ist ein riesiger Schatz, der dort lagert. Einblicke in die Strategie von Regierungen, Geschäftsgebaren. Es ist aber auch ein gefährliches Wissen, insbesondere dann, wenn es sich um Geheimpapiere handelt. Und es ist ein Wissen, das man erst einmal verstehen muss. Einfach war das bei einem Video, aufgenommen aus einem amerikanischen Hubschrauber, in dem ein Angriff auf angebliche irakische Aufständische festgehalten wird. Unter den Männern, die mit sarkastischen Sprüchen vom Helikopter aus erschossen werden, sind aber auch zwei Journalisten, Mitarbeiter der angesehenen Nachrichtenagentur Reuters. 17 Minuten dauert das Video, in dem danach noch gezeigt wird, wie auch Männer, die die Verwundeten und Leichen einsammeln wollen, erschossen werden. Es ist der erste große Coup von Wikileaks. Ein Beweis der Unmenschlichkeit von Krieg, der Methoden, mit denen amerikanische Truppen im Irak vorgehen.

Die «Afghan War Diaries» sind der nächste Coup. Doch Assange und seine Mitarbeiter gehen hier anders vor. Sie stellen das Material drei international angesehenen Magazinen zur Verfügung, der «New York Times», dem englischen «Guardian» und dem deutschen «Spiegel». Diese prüfen die Dokumente auf Echtheit und veröffentlichen danach Auszüge und fassen den Inhalt der Dokumente in großen Geschichten zusammen. Es ist der Ritterschlag für Wikileaks und gleichzeitig ein gutes Beispiel dafür, wie die Freiheit, die es in Teilen des Netzes immer noch gibt, auch mit alten Medien verbunden werden kann. Wie aus einem Berg Dokumente, den nur wenige durcharbeiten würden, eine Geschichte entsteht, die auf der ganzen Welt gelesen wird.

Eine ganz andere Geschichte ist es hingegen, was danach mit Wikileaks passiert. Weitere Dokumente aus dem Pentagon, dem amerikanischen Verteidigungsministerium, sollen veröffentlicht werden, doch die wichtigsten Mitarbeiter von Wikileaks zerstreiten sich darüber. Der deutsche Sprecher der Plattform verlässt sie, Julian Assange wird in Schweden, wo er sich niederlassen will, wegen Vergewaltigung angeklagt und teilt gleichzeitig mit, dass er der wichtigste Mensch bei Wikileaks ist, dass ohne ihn nichts geht. Zwischen Größenwahn und Verschwörungstheorien scheint er gefangen zu sein, keine guten Aussichten für ein sehr wichtiges Projekt.

Das Beispiel Wikileaks zeigt, wie wichtig Medien sind, die eine Fülle von Informationen komprimieren und für jeden verständlich zusammenfassen. Wie wichtig es ist, nicht sofort alles rauszuschreien, sondern in Ruhe zu prüfen, gewichten und berichten.

Die Realität sieht häufig anders aus, denn durch die neuen Kanäle findet eine große Beschleunigung der Nachrichten, der Medien statt. Und da mit Twitter ein weiterer großer Nachrichtenlieferant angetreten ist, ist auch nicht damit zu rechnen, dass sich das bald ändert. Twitter ist schnell zum wichtigen Werkzeug in den Redaktionen geworden. An den meistgeschriebenen Stichwörtern können Trends abgelesen werden. Wenn zum Beispiel ein Sturm New York lahmlegt oder die Frau des Premiers von Singapur stirbt, so wird man das bald bei Twitter sehen. Twitter wird zum Barometer für den Nachrichtenwert und beschränkt doch die Wahrnehmung. Denn Twitter ist nicht repräsentativ. Es sind die Unterhaltungen von vergleichsweise wenigen Menschen, die nur durch die Vielzahl ihrer Twitterbotschaften Gewicht bekommen.

Der Journalismus muss Wegweiser sein in der Datenflut, das ist seine große Chance, er muss Geschrei von Substanz trennen, darf sich nicht selbst in den Chor einreihen. Und er muss einen Weg finden, Geld zu verdienen, darf sich nicht mehr allein von Anzeigen abhängig machen. Qualität muss bezahlt werden. Wie das geschehen wird, bleibt fraglich. Viele Verleger setzen darauf, dass sich die Leser vom Internet weg und zu geschlossenen Systemen bewegen werden und dann Zeitungen lieber auf dem iPad, dem Kindle oder ähnlichen Geräten lesen. Doch damit steigt auch wieder die Gefahr, sich abhängig zu machen von der Willkür der Plattformanbieter. Die können nämlich im Streitfall einfach mal den Stecker ziehen für bestimmte Angebote. Damit steht die Pressefreiheit auf dem Spiel. Und eine Firma wie Apple hat bisher nicht bewiesen, dass sie eine große Verfechterin dieser Freiheit ist.

Flüchtig: das manipulierbare Wissen

Das Netz wird zum Speicher von Wissen, doch der Ort, an dem dieses Wissen gespeichert ist, ist nicht das Netz. Es sind ganz reale Orte. Computerfarmen, die auf der ganzen Welt verteilt sind. Sie stehen in einem Gewerbegebiet in Berlin, am Stadtrand von Karlsruhe, in klimatisierten Hallen im Silicon Valley, am Columbia River in Oregon oder in finnischen Wäldern. Sie haben ihren Standort überall da, wo es einen schnellen Anschluss ans Netz gibt und viel Energie, denn die wird in den riesigen Hallen voller Computer benötigt.

All diese Computerfarmen haben eins gemeinsam: Sie gehören privaten Firmen, nur diese haben einen direkten Zugriff auf die Computer. Sie können die Computer abschalten, Daten löschen, verändern. Sie können sogar auf Geräte zugreifen, die sich in unserem Besitz finden und sie manipulieren.

George Orwell hätte sich das kaum besser ausdenken können: Am 17. Juli 2009 verschwinden zwei seiner Bücher aus dem Speicher von Kindle: «1984» und «Animal Farm». Der Kindle ist ein Lesegerät für elektronische Bücher, hergestellt und verkauft von Amazon, einem der größten Buchhändler der Welt, der nicht nur das Lesegerät, sondern auch elektronische Bücher verkauft. Für die Titel von George Orwell lagen allerdings die erforderlichen

Rechte nicht vor, wie sich im Nachhinein herausstellt. Also nimmt er die Buchdateien aus dem Programm und löscht sie kurzerhand bei allen, die die Bücher zuvor gekauft haben. Das muss man sich so vorstellen: Man hat ein Kindle-Lesegerät und darauf befindet sich das Buch «1984». Als man es lesen möchte, stellt man fest, dass die Datei, die gestern noch auf dem Gerät war, jetzt fehlt. Es ist ein Eingriff in Geräte, die sich bei den Kunden zu Hause befinden, auf Geräte, die Amazon nicht gehören, es ist ein Angriff auf Daten, die Amazon nicht mehr gehören. Es ist ein unerhörter Vorgang und er besitzt eine wunderbare Ironie, denn welches Buch ist besser für die Löschung geeignet als «1984», in dem die Auslöschung unliebsamer Bücher detailliert beschrieben wird.

Ende November 2009 ist die iPhone-Version des Magazins «stern» nicht mehr im App-Store zu finden, Apples Online-Laden also für Programme und Anwendungen, die auf dem iPhone, iPod Touch oder iPad laufen. Sie wurde ohne Vorwarnung gelöscht, wie der Hamburger Verlag Gruner+Jahr sagt. Eine Bildergalerie mit leicht bekleideten Damen war der Grund. Sie passte den Hütern des App-Stores nicht. Kurze Zeit später war die App wieder da. Kurze Zeit nach einer Diskussion, bei der der Verlag erfahren hat, wie viel er zeigen darf, damit der «stern» weiter verkauft werden darf. Die stern-App wurde den Richtlinien angepasst, heißt es dazu aus dem Verlag.

Ein paar Monate später sind dann die «Bild»-Mädchen dran. Eine App, bei der man ihnen die Kleidung vom Leib schütteln darf, wird gar nicht erst ins Programm des App-Stores aufgenommen. Der Bild-Verlag Springer wittert einen Angriff auf die Pressefreiheit und richtig: Auch wenn es sich in beiden Fällen um eher überflüssige Beschränkung handelt, um eine amerikanische Moralvorstellung, die in Europa nur Kopfschütteln auslöst: Apple wird nicht darauf verzichten, die Inhalte zu kontrollieren, die über seine Geräte verbreitet werden.

Am 1. April 2010 erscheint eine neue Firmware für Sonys Videospielkonsole Playstation 3. Eine Firmware ist ein Programm, das die Grundfunktionen eines Gerätes steuert, das Gerät erst funktionieren lässt. Sie bildet auch die Grundlage für Betriebssysteme, die nur in Zusammenarbeit mit ihr laufen. Wer die Firmware ändert, kann auch Funktionen des Gerätes ändern. Sony tut das an diesem Tag. Wer die neue Firmware einspielt, kann ab diesem Moment nicht mehr das freie Betriebssystem Linux auf seiner Konsole installieren. Bisher war das möglich und wurde sogar beim Verkaufsstart der Konsole eifrig beworben. Jetzt ist diese Funktion als Sicherheitslücke identifiziert worden. Beließe man Linux auf der Konsole, so könnten über dieses eines Tages kopierte Spiele abgespielt werden, es droht der Verlust von Verkäufen. Wer Linux auf seinem System lassen will und die Firmware nicht installiert, wird keine neu erscheinenden Spiele mehr spielen können. Die funktionieren nur mit ihr. Den Besitzern bleibt also kaum keine Wahl. Sie werden gezwungen, ihr Gerät so zu verändern, dass eine zugesicherte Funktion deaktiviert wird. Sie werden gezwungen, die Kontrolle über ihr Gerät abzugeben, eventuell sogar Dinge zu löschen und Daten zu vernichten, die sie mit diesem Gerät erstellt haben.

Einer der größten Spielerfolge auf dem iPhone heißt «Pflanzen gegen Zombies», ein kleines Strategiespiel in absurder Szenerie. Ab einem gewissen Level taucht ein tanzender Zombie auf, der wie

Michael Jackson aussieht. Wer ab Ende August 2010 ein Update des Spiels durchführte, wunderte sich bald: Michael Jackson war verschwunden, an seine Stelle ist ein anderer tanzender Zombie getreten. Die Erben von Jackson hatten mit einem Rechtsstreit gedroht, der Hersteller des Spiels hat eingelenkt und die Figur aus dem Spiel entfernt – ohne die Spieler zu fragen, still und heimlich. Die Veränderbarkeit von Daten macht es möglich beziehungsweise der Zugriff, den Hersteller selbst lange nach Veröffentlichung und Kauf von Software noch haben – und zwar auch auf die Computer der Kunden.

«Es wäre nicht zu verantworten, wenn wir diesen Hebel nicht in der Hand hätten», sagt Steve Jobs im August 2008 und gibt damit zu, dass seine Firma einen Fernzugriff auf alle iPhones der Welt hat. Apple hat in seinen iPhone- und iPod-Touch-Geräten eine Funktion eingebaut, mit der Programme ferngesteuert gelöscht werden können. Sie soll dazu dienen, Programme, die Viren verbreiten oder anderen Schaden anrichten, so schnell wie möglich von allen betroffenen Geräten zu löschen. Genausogut könnten aber Programme gelöscht werden, die Apple missfallen, aus welchem Grund auch immer. Mit den neuen Geräten geben wir einen Teil unserer Herrschaft über unser Eigentum an die Firmen ab, deren Geräte wir kaufen. Wir müssen das tun, um sie nutzen zu können. Und mit dem Kauf und der Nutzung sagen wir, dass wir einverstanden sind. Damit bereiten wir eine Zensur vor, die von Firmen durchgeführt werden kann.

Firmen sind immer Zwängen unterworfen, zum Beispiel der Gesetzgebung des Landes, in dem sie ihren Sitz haben, oder wirtschaftlichem Druck, der ausgeübt wird, Aktienkurse, die beim geringsten Verdacht auf einen Skandal in den Sturzflug gehen, unterschiedliche Moralvorstellungen in den unterschiedlichen Ländern der Welt, Gerichtsverfahren, mit denen sie konfrontiert werden, technische Probleme, die behoben werden müssen, bevor etwa Schlimmes geschieht. In der digitalen Welt ist es einfach, Fehler zu korrigieren. Es ist einfach, in die Systeme der Nutzer einzugreifen, dort Dinge zu löschen oder zu verändern.

Noch viel einfacher ist es, in den eigenen Systemen Fehler zu beseitigen. Google selbst löscht Seiten aus seinem Suchindex. Dies geschieht nur auf Druck von Behörden und Ermittlungsbehörden. Doch wer garantiert, dass nicht eines Tages ganz andere Dinge gelöscht werden. Dass in den gescannten Büchern Passagen verschwinden, die politisch oder moralisch anstößig sind.

Dass nicht in Unterhaltungen zwischen Menschen eingegriffen wird, ist auch nur eine Illusion. Facebook zensiert im systemeigenen Nachrichtenverkehr Schimpfwörter und sexuell Anzügliches, Apple lässt sich im Herbst 2010 ein System patentieren, mit dem der SMS-Verkehr der iPhone-Nutzer von anstößigen Begriffen gereinigt werden kann.

Wer Informationen sammelt, wer das Wissen der Welt speichern möchte, wer Millionen von Büchern digitalisiert, wer Kunst und Musik vertreibt, wer Menschen Kommunikationsmittel zur Verfügung stellt, muss auch garantieren können, dass diese immer zugänglich bleiben und dass sie so zugänglich sind, wie sie verfasst wurden. Google, Facebook oder Apple können das nicht.

Meinungsbildung: Aus Vielfalt wird Einheit

Neue Techniken führen dazu, dass die Menschen zueinanderfinden, Zugang zu allen Informationen führt dazu, dass wir uns umfassend informieren, Verständnis für andere Meinungen entwickeln und unsere Standpunkte ausgewogener werden – das zumindest propagieren die Verfechter sozialer Netzwerke und Suchmaschinen wie Google. Das Netz ist der große Heilsbringer. Viele Studien zeigen allerdings: Das Gegenteil ist der Fall. Wir denken immer eindimensionaler. Das Netz gibt uns unzählige Möglichkeiten, die eigene Meinung zu stärken und zu verfestigen. Gleichzeitig gibt es uns sehr viele Möglichkeiten, anderen Meinungen auszuweichen. Das ist ein dem System inliegendes Problem: Wenn man es jemandem bequem machen möchte, sucht man ihm Sachen heraus, die er kennt, an die er gewöhnt ist. Und das Ziel der neuen Dienste ist es ja, es dem Menschen im Internet so bequem wie möglich zu machen.

1971 veröffentlicht der amerikanische Wissenschaftler Thomas Schelling eine Studie, die den Titel «Models of Segregation» trägt (Modelle der Trennung), wobei er sich mit dem Begriff der Trennung auf Rassentrennung in Städten bezieht. Auf einem Spielbrett legt er dar, wie selbst eine nur geringe Vorliebe, sich mit Menschen der eigenen Hautfarbe zu umgeben, zu einer vollständigen Trennung von Wohngebieten führen kann. Ein Prozess, der in Städten Jahre und Jahrzehnte dauern, woanders aber deutlich schneller verlaufen kann.

Dieses Modell lässt sich auf andere Formen des menschlichen Zusammenlebens übertragen, auch auf das Internet, auf unsere Surf-Gewohnheiten. Wir neigen dazu, Dinge zu suchen, die uns näher sind, die uns in unserer Meinung bestärken. Und das tun wir auch im Netz. Mit jedem Klick, mit jeder Seite, die wir uns anschauen, erziehen wir die Suchmaschinen, uns mehr von dem zu zeigen, was wir mögen, weniger von dem, was wir nicht mögen. So kommen wir immer weniger in Kontakt mit Meinungen, die wir nicht so gerne sehen oder lesen. Es ist ein individueller Prozess, bei dem sich die Suchmaschine unseren Bedürfnissen anpasst, oder vielmehr dem, was sie als unsere Bedürfnisse errechnet. Mit dem Ergebnis, dass die Maschine uns irgendwann nur noch die Seiten oben anzeigt, die sie für uns als einzelne Person für wichtig hält.

Anschaulich wird dieser Effekt bei einer Funktion, die der Online-Händler Amazon auf seiner Seite hat. Sie heißt Empfehlungen. Dort werden uns Produkte vorgestellt, die uns gefallen könnten. Sie werden uns deshalb vorgestellt, weil ein Algorithmus untersucht, welche Produkte wir bereits bei Amazon gekauft haben, welche Sachen wir angeschaut haben und uns danach doch für etwas anderes entschieden haben. Einbezogen werden die Käufe anderer Amazon-Kunden, deren Kaufverhalten dem unseren ähnelt. Die Liste, die dabei herauskommt, ähnelt dem Segregationsmodell von Schelling. Sie ist voll von Dingen, die denen ähneln, die wir bereits gekauft haben. Und je länger wir bei Amazon einkaufen, desto enger wird diese Liste, desto weniger überraschende Sachen landen darauf.

Wenn ich also CDs von Neil Young bestelle, so wird beim nächsten Aufruf dieser Liste auf den ersten Seiten eine ganze Reihe weiterer CDs von Neil Young auftauchen, eventuell gemischt mit Bob Dylan, weil sich die beiden nicht nur musikalisch immer wieder ähnlich sind, sondern auch weil sich die Käuferschaft in großen Teilen überschneiden wird. Die Empfehlungen sind eine praktische Funktion, die das Leben aber auch sehr langweilig machen könnte, wenn man ihr folgt. Denn Überraschungen und Zufälle können die Algorithmen nicht berechnen. Für die ist das Leben da, kein Computer.

Und so kann Amazon keinen Platten- oder Buchhändler ersetzen, der uns kennt. Dieser empfiehlt uns ebenfalls oft Alben oder Bücher, von denen er, aufgrund unserer früheren Käufe, recht sicher weiß, dass sie uns gefallen werden. Doch immer mal wieder wird er uns auf etwas hinweisen, von dem er nicht sicher ist, ob wir es mögen werden, von dem er aber selbst so überzeugt ist, dass er es unbedingt weiterempfehlen möchte.

Doch es ist die technische Idee von der Funktion des Gehirns, die in Firmen wie Google oder Facebook vorherrscht. Und in der hat der Zufall keinen Platz. Schon bevor wir einen Begriff eingeben, möchte Google uns die Antwort auf das geben, was wir suchen. Das ist eines der fernen Ziele der Google-Gründer. Doch das funktioniert nur, wenn sie uns genau kennen, wenn sie unsere Gewohnheiten auswerten und wir innerhalb dieser handeln. Und genau deshalb steuern sie uns weiter in eine Ecke, aus der wir nur schwer wieder herauskommen, und verfestigen und bilden damit unsere Meinung.

Das erinnert einerseits stark an das Schubladen-Denken, das wir nur allzu gut aus dem Alltag kennen und das sehr menschlich ist. Doch es ist online sehr viel einfacher, Menschen in ihrem gewohnten Denkumfeld zu halten oder auch sich selbst im gewohnten Umkreis zu bewegen. Das ist es auch, was Google möchte. Die Suchmaschine wertet anhand unseres Suchverhaltens das aus, was wir tun, und lenkt uns mit den darauf angepassten Ergebnissen weiter in diese Richtung. Es greifen online ganz ähnliche Mechanismen, wie wir sie bereits aus dem «echten» Leben kennen – mit dem Unterschied allerdings, dass sie online sehr viel schneller greifen und weniger störanfällig sind.

Im Internet ist es viel einfacher als außerhalb, sich einer Gruppe Gleichgesinnter anzuschließen. Denn weil es so viele Meinungen gibt, so viele diverse Gruppen, wird man viel schneller eine finden, in der man sich wohlfühlt. Muss man in dem Ort, in dem man wohnt, in dem Mietshaus immer wieder mit Menschen verhandeln, mit denen man nur wenige Vorlieben teilt, mit denen man politisch nicht übereinstimmt, die deutlich älter oder jünger sind, so lässt sich das im Internet vermeiden. Vielfalt führt zu Einfalt.

2005 untersuchen Forscher politische Blogs und ihre Anhänger. Sie beobachten, über was für Themen in den angeschlossenen Kommentaren gesprochen wird, folgen den Links, die gesetzt werden. Und kommen dabei zu einem ähnlichen Schluss wie Schelling: Es gibt eine fast vollständige Trennung der politischen Lager im Netz. Wenn Links gesetzt werden, geschieht das nicht, um eine andere Meinung respektvoll am Diskurs teilnehmen zu lassen. Es geht fast immer darum, den Gegner vorzuführen, ihn lächerlich zu machen. Und damit die eigene Meinung noch weiter zu festigen. Keine guten Aussichten für eine Welt, in der die politischen Lager immer unversöhnlicher erscheinen, sie sich immer weiter voneinander zu entfernen scheinen. Denn mit der Funktionsweise des Internets können sich die radikalen Gedanken noch schneller verbreiten, sich finden und gegenseitig noch viel mehr verstärken. Sie treffen zudem auf weniger störende Einflüsse durch andere Gedanken, als es außerhalb des Netzes der Fall ist.

Netzpolitik: die Twitter-Revolutionen

Am 2. Februar 2008 wird ein Video bei YouTube eingestellt. «Yes we can!» heißt es. Es sind Auszüge aus einer Rede Barack Obamas zu hören und zu sehen, der Musiker Will.i.am von der amerikanischen Gruppe Black Eyed Peas hat ein Musikstück daraus gemacht. Bei diesem Musikvideo machen bekannte Stars mit, Scarlett Johansson zum Beispiel. Will.i.am hat das Video zusammen mit Jesse Dylan, dem Sohn von Bob Dylan, gedreht. «Yes we can!» wird zum Slogan von Obama werden, zum Markenzeichen des künftigen Präsidenten.

Der amerikanische Präsidentschaftswahlkampf 2008 wird als der erste Internet-Wahlkampf in die Geschichte eingehen. Barack Obama versteht es vortrefflich, das Internet für seine Zwecke einzusetzen. Kein Wunder, steuert doch Chris Hughes die Internetaktivitäten seines Wahlkampfes. Der ist immerhin einer der ersten Facebook-Mitarbeiter und einer der Mitgründer gewesen.

Dabei geht es ihm weniger um die Verbreitung von Nachrichten an das Volk über die einschlägigen Kanäle als vielmehr darum, die Wahlkämpfer zu mobilisieren, die vielen Anhänger, die Obamas Agenda unterstützen und ihn als Präsident sehen wollen. Hughes baut eine eigene Plattform auf, my.barackobama.com, die vor allem dafür da ist, Wahlkämpfer miteinander zu verbinden, lokale Aktionen vorzubereiten. Triviale Dinge sind es, wie das Malen von Schildern oder das Klinkenputzen, um die Nachbarn davon zu überzeugen, auch Obama zu wählen. Doch niemand zuvor hat diese trivialen Dinge so hervorragend organisiert wie Obamas Team und gleichzeitig ein Gemeinschaftsgefühl geschaffen, das sich von denen vorheriger Wahlkämpfe stark unterscheidet. Man kennt nicht nur die Helfer aus der eigenen Gemeinde, sondern kann sich als Teil einer Gemeinschaft begreifen, die im ganzen Land für die Sache kämpft, an die man auch selbst glaubt. Und für diesen Zweck ist Internet ideal.

Hughes weiß auch, dass gerade in den USA die jungen Wähler, die zwischen 18 und 29 Jahren alt sind, das Internet als eine ihrer Hauptinformationsquellen nutzen. Und hier ist Obama ständig präsent. Auf MySpace und Facebook eröffnet Obama Seiten, die regelmäßig gepflegt werden, auf denen Diskussionen stattfinden, auf denen Obama greifbar wird, auf die Probleme der jüngeren Wähler eingeht. Auf denen klar wird, dass er sich für sie interessiert.

Obama ist sicher nicht nur wegen seines Internet-Wahlkampfes Präsident geworden. Aber das Internet war ein wichtiger Faktor für ihn, es hat ihm geholfen, mit Wählern in Kontakt zu kommen, zu denen zuvor kein Politiker Zugang gefunden hatte. Es hat ihm geholfen, authentisch zu wirken. Umso enttäuschender ist es, dass er nach seinem Sieg all diese Kanäle veröden ließ.

Obamas Wahlkampf ist Vorbild für viele Politiker geworden, auch in Europa, auch bei der deutschen Bundestagswahl 2009. Doch nichts zeigt den Unterschied deutlicher als die hilflosen You-Tube-Clips, die von den Parteien online gestellt werden, die nicht verstandenen Möglichkeiten, mit Wählern in Kontakt zu kommen. Wer Dialog anbietet, muss im Internet schnell reagieren, nicht erst nach fünf Tagen.

Dass es auch anders geht, zeigt ein Portal wie abgeordneten-watch.de. Hier haben deutsche Wähler Kontakt zu allen Abgeordneten des Bundestages und denen diverser Landtage. Sie können über die Seite Fragen stellen, die erstaunlich oft auch beantwortet werden. Das geschieht manchmal arrogant und herablassend, oft genug aber auch entwickeln sich gute Unterhaltungen mit den Abgeordneten. Abgeordnetenwatch ist ein gutes Mittel, Politik zu verstehen und damit sehr viel mehr wert als der YouTube-Kanal einer Partei.

Mehr als 10 000 Menschen ziehen am 7. April 2009 durch Chisinau, die Hauptstadt Moldawiens. Sie protestieren gegen die Regierung, die angeblich die zwei Tage zuvor durchgeführten Parlamentswahlen manipuliert hat. Das Parlamentsgebäude wird gestürmt und Feuer gelegt. Das Ereignis wird später unter dem Namen Twitter-Revolution bekannt werden, denn nachdem die Regierung das Handynetz ausgeschaltet hat, verständigen sich die Demonstranten über Twitter.

So heißt es zumindest. Doch an dieser Darstellung darf gezweifelt werden, schließlich gibt es zu diesem Zeitpunkt nur rund 70 Twitter-Konten in Chisinau. Zudem hätten eifrige Twitter-Versender für jede Botschaft an einen funktionierenden Internetanschluss gehen müssen und die, die sich darüber organisieren sollten, auch. Die Twitter-Revolution in Moldawien fand nur außerhalb des Landes statt, denn dort überschlagen sich die Meldungen. Im Land selbst ist davon wenig zu merken. Die Revolution an sich ist auch keine Revolution, sie gerät sogar schnell in den Verdacht, von der Regierung angezettelt oder zumindest gefördert worden zu sein, um die Opposition zu diskreditieren.

Am 12. Juni 2009 wird im Iran ein neues Parlament gewählt. Schnell ist der Opposition klar, dass massiver Wahlbetrug begangen wurde. Zu Tausenden gehen die Menschen auf die Straße. Sie organisieren sich über Facebook und Twitter, heißt es, die nächste Twitter-Revolution wird ausgerufen. Doch der Iran ist eines der wenigen Länder, in denen Facebook noch nicht weit verbreitet ist, das dort ansässige Netzwerk heißt Cloob und wird vom Staat zensiert. Das Rauschen in Twitter und Facebook kommt aus anderen Quellen: von Exil-Iranern, die Nachrichten aus ihrem Land weiterverbreiten. Englisch ist die hauptsächlich benutzte Sprache, nicht Farsi, was Iraner wohl benutzen würden, um sich miteinander zu unterhalten. Doch die Geschichte eines Aufstandes mithilfe von sozialen Netzwerken ist zu gut, als dass die Medien, die sie verbreitet haben, sie zunächst auf Stichhaltigkeit geprüft hätten. Facebook ist vor allem für eines gut: Um Informationen aus dem Land in den Rest der Welt zu tragen und das Foto einer jungen Frau zu liefern, die auf der ganzen Welt als Neda Soltan bekannt werden sollte. Neda Soltan ist eine Studentin, die während der Unruhen erschossen wurde. Verschiedene Nachrichtensender verbreiten das angebliche Foto von Neda Soltan, sie haben es aus Facebook. Die Frau auf dem Bild ist jung und hübsch. Sie heißt allerdings Neda Soltani. Das Foto wird ihr bisheriges Leben zerstören, denn fortan steht sie unter Beobachtung, muss ihren Beruf aufgeben, flüchtet schließlich und beantragt in Deutschland Asyl. Sie ist ein Opfer der Berichterstattung geworden, überrollt von einer Meinungswelle, die sich keine Zeit mehr nimmt, nachzudenken und Fakten zu überprüfen. Hauptsache, man ist schnell.

Am 4. Januar 2008 erstellt der Ingenieur Oscar Morales eine Facebook-Gruppe. «Eine Millionen Stimmen gegen die FARC» heißt sie. Der Kolumbianer möchte ein Zeichen setzen, möchte Gesicht zeigen oder zumindest seinen Namen, gegen die FARC, eine kommunistische Rebellengruppe, die sich 1966 in Kolumbien gegründet hat. Sie ist angetreten mit dem Ziel, das Leben der Bauern zu verbessern und sie gegen die Großgrundbesitzer zu schützen. Inzwischen wird der Gruppe aber vor allem die Verstrickung in Drogenhandel unterstellt. Die FARC ist bei vielen Kolumbianern verhasst. Morales trifft mit seiner Gruppe und dem dazugehörigen Aufruf den Nerv vieler seiner Mitbürger. Über Nacht wächst die Gruppe auf 1500 Mitglieder, die sich namentlich gegen die FARC stellen, was in manchen Gegenden Kolumbiens lebensgefährlich sein kann. Die Gruppe wächst schnell und wird zu einer Bewegung. Einen Monat nach ihrer Gründung ruft sie zu einer Großdemonstration auf. Mehr als eine Million Menschen demonstrieren in Bogota, der Hauptstadt Kolumbiens, gegen die FARC, auch in kleineren Städten gibt es Demonstrationszüge. Selbst im Ausland versammeln sich Exil-Kolumbianer. Es ist ein deutliches Zeichen, das nur deshalb zustande kommt, weil Präsident Uribe sich hinter die Protestler stellt. Er kann die Unterstützung gut gebrauchen, denn er plant, massiv gegen die FARC vorzugehen, in den Krieg zu ziehen, wie es bei ihm heißt. Mit Waffengewalt will er die Guerillagruppe endgültig besiegen, dafur braucht er Unterstützung in der Bevölkerung. Die bekommt er durch den Massenprotest. Uribes Regierung unterstützt deshalb nicht nur die Demonstrationen, sie organisiert sie auch. In Kolumbien ebenso wie im Ausland mithilfe der kolumbianischen Botschaften. Hätte es die Facebook-Gruppe nicht gegeben, Uribe hätte sie erfinden müssen.

Scheinfreiheit: Zensur und Verfolgung

Freiheit im Internet ist eine Illusion, sie war es zu Beginn und sie ist es jetzt noch viel mehr, da das Netz vor allem kommerziellen Interessen untergeordnet ist. Immer wieder werden Seiten gesperrt, Benutzerprofile gelöscht, Suchergebnisse nicht angezeigt. Firmen gehen gegen Beiträge vor, in denen sie sich schlecht dargestellt sehen, Regierungen lassen Angebote sperren oder schränken gar den gesamten Zugriff aufs Internet ein. Dabei sollte doch gerade das Internet der Raum sein, in dem staatliche Grenzen fallen, Menschen zueinanderfinden können, unbehelligt von Gesetzen und von staatlicher Macht. Doch dieser Traum von Netzaktivisten ist schon längst ausgeträumt. Das Problem: Viele haben das noch nicht bemerkt.

Das Internet ist nicht so frei, wie es auf den ersten Blick scheint. Das zeigt schon ein simpler Vergleich einer Suche auf den amerikanischen und den deutschen Google-Seiten: Während in den USA rechtsextreme Propagandaseiten problemlos zu finden sind, werden sie auf den deutschen Seiten nicht angezeigt – obwohl man die gleichen Suchbegriffe benutzt. Das mag man im Fall von Neonazi-Propaganda begrüßenswert finden, doch allein die Feststellung, dass Seiten fehlen, wirft Fragen auf: Wer veranlasst das Entfernen dieser Seiten aus den Suchergebnissen? Wer nimmt sie heraus und wer kontrolliert, ob alles mit rechten Dingen zugeht? Das heißt: Wer überprüft, ob Google nicht einfach Seiten aus seiner Suche löscht, die dem Konzern nicht genehm sind – oder sie einfach nur auf die hinteren Suchseiten verbannt, wo niemand mehr nachschauen wird? Wer kontrolliert Google, wer kontrolliert Facebook?

Am 24. November 2004 wird Shi Tao festgenommen. Verrat von Staatsgeheimnissen an eine fremde Macht, so lautet der Vorwurf der Anklagebehörde gegen den Journalisten einer chinesischen Wirtschaftszeitung. Am 28. April 2005 wird er von einem Strafgericht in Chansha, der Hauptstadt der chinesischen Provinz Hunan, zu zehn Jahren Haft verurteilt, er verliert für zwei Jahre seine Bürgerrechte. Shi Taos Vergehen: Er hat eine E-Mail an Bekannte in den USA geschickt. In der Mail fasst er Empfehlungen der chinesischen Regierung für die Berichterstattung zum 15. Jahrestag des Massakers auf dem Platz des himmlischen Friedens zusammen. Er beschreibt also, wie Zensur verordnet wird und hat damit Staatsgeheimnisse weitergegeben, das ist ein Staatsverbrechen.

Am 4. Juni 1989 hatte die chinesische Regierung auf dem großen Platz im Zentrum von Peking friedliche Proteste von der Armee mit Gewalt beenden lassen. Mehr als 3000 Menschen wurden getötet. Ein Schandfleck in der Geschichte Chinas und noch immer ein Problem für westliche Regierungen, wenn sie mit China zusammenarbeiten wollen. Denn China hat sich nicht entschuldigt, das Land redet nicht einmal über das Massaker vom 4. Juni 1989. Shi Tao hat gegen dieses Schweigegelübde verstoßen. Doch die chinesische Polizei hat dies nicht auf eigene Initiative hin herausgefunden. Er wurde verraten, von Yahoo, dem amerikanischen Online-Portal mit angeschlossener Suchmaschine. Shi Tao hat die E-Mail nämlich über ein Konto geschickt, das er bei Yahoo angelegt hatte. Und Yahoo hat auf Verlangen der chinesischen Behörden seine Daten herausgegeben. Nur so konnte der Journalist enttarnt werden, nur deshalb sitzt er im Gefängnis.

China hat ein deutlich anderes Verständnis von Menschenrechten und der Meinungsfreiheit als die westlichen Staaten. Zensur, Zugangsbeschränkungen, Seitensperren und eine Firewall, also eine technische Sperre, die den Zugang zum Netz kontrolliert, die unerwünschte Inhalte herausfiltert, sind nur einige der Maßnahmen, die die chinesische Regierung zum Schutz vor unerwünschter Meinung einsetzt. Das Problem für viele Firmen: China ist ein sehr großer Markt, auf dem es sehr viel Geld zu verdienen gibt. Wer aber in

China tätig ist, muss sich den Gesetzen des Landes unterwerfen – und mit entsprechenden Reaktionen im Westen rechnen.

Das muss Yahoo im Fall Shi Tao erfahren. Amnesty International vermutet, dass die Firma deutlich öfter mit den Behörden zusammengearbeitet hat, die Dementis sind halbherzig. Yahoo sagt, dass es sich nur an die chinesischen Gesetze gehalten hat. Doch letztlich hat sich die Firma damit gegen die von ihr als Suchmaschine propagierte und unterstützte Meinungsfreiheit gestellt und den Weg gewählt, der auf lange Sicht mehr Gewinn verspricht: die Kollaboration.

Microsoft macht es kaum anders, die Firma löschte den Blog eines chinesischen Dissidenten. Was Zensurgegner erzürnt: Der Blog lag auf einem Server, der in den USA stand. China hätte eigentlich vor amerikanischen Gerichten versuchen müssen, diesen Blog löschen zu lassen, was wenig Aussicht auf Erfolg gehabt hätte. Somit kann man vermuten, dass wirtschaftlicher Druck ausgeübt wurde. Dass dem nachgegeben wird, ist verständlich, aber dennoch bedenklich. Im Herbst 2010 kommt Microsoft erneut in die Schlagzeilen, weil die Firma angeblich mit dem russischen Geheimdienst zusammenarbeitet, um gegen Oppositionelle vorzugehen.

Google macht es etwas anders: Überall dort, wo Seiten aus Gründen von Rechtsstreitigkeiten oder staatlicher Zensur nicht angezeigt werden dürfen, wird das auch vermerkt. Das ist ein Kompromiss, bei dem die Firma ihr Gesicht wahrt und trotzdem weiter in dem entsprechenden Land tätig sein kann. In China leitet Google inzwischen sogar Surfer auf die in Hongkong ansässige Google-Seite, die nicht zensiert ist. Das ist mutig, wobei Spötter auch sagen, dass sich Google das leisten kann, da die Firma in China bisher noch keine großen Marktanteile gewonnen hat, immer wieder über einen Rückzug nachdenkt und sich deshalb politische Korrektheit erlauben kann.

Vielleicht ist das so, dennoch: Google ist einer der wenigen Anbieter, der wenigstens für einen Teil der gesperrten Seiten transparent macht, weshalb sie gesperrt sind. Google zeigt auf, wo Seiten gesperrt werden, in welchen Ländern die meisten Anträge für Sperrungen gestellt werden, in welchen Ländern die Herausgabe von Nutzerdaten gefordert wird und wie oft das geschieht. China selbst taucht in der Statistik nur mit einem Fragezeichen auf, da die Anzahl der gesperrten Seiten dort als Staatsgeheimnis gilt.

Weit oben in der Rangliste: Deutschland. In der ersten Jahreshälfte 2010 werden 124 Seiten aus dem Suchindex genommen, die Daten von 668 Nutzern angefordert. Meistens sind es Neonazi-Seiten, Angebote von Holocaust-Leugnern oder rassistische Hetze. Aber auch der Jugendschutz bedingt, dass Seiten aus Google entfernt werden. Dies geschieht dann, wenn die Bundesprüfstelle für jugendgefährdende Medien ein Angebot als gefährlich einstuft. In solch einem Fall nämlich darf dafür in Deutschland nicht mehr geworben werden und zu dieser Art von Werbung zählt ein Link in einer Suchmaschine.

Ob Google tatsächlich alle gesperrten Seiten transparent macht? Wir können uns nur darauf verlassen, dass Google getreu seines inoffiziellen Firmenmottos handelt und nicht böse ist. Doch wer kann garantieren, dass hehre Ziele nicht eines Tages geändert werden? Dann, wenn die Gewinne versiegen, wenn die Gründer die Firma verlassen und sie von Menschen geführt wird, die weniger Skrupel haben, die Machtpositionen noch geschickter, skrupelloser anwenden, als dies heute schon geschieht.

Freundschaft: die neue Identität

Es ging sehr schnell: Nach drei Tagen hatte ich 19 Freunde, nach einer Woche 30. Es sind Menschen, mit denen ich tatsächlich gut befreundet bin, sowie gute Bekannte. Aber auch Kollegen und berufliche Kontakte, zudem Leute, mit denen ich früher einmal engen Kontakt hatte, sie aber aus den Augen verloren habe. Ich habe eine alte Freundin wiedergefunden, einen lieben alten Freund, den ich vermisst habe. Mich haben Menschen gefragt, ob ich ihr Freund werden mag, die nie zuvor ein Wort mit mir geredet haben, sogar welche, von denen ich immer dachte, dass sie mich nicht kennen wollen. Mit anderen Worten: Ich bin Mitglied bei Facebook geworden.

Habe ich jetzt mehr Freunde? Nein. Mit denen, bei denen ich mich über den Kontakt gefreut habe, habe ich die Konversation auf E-Mail umgestellt, bei anderen weiß ich nicht, was ich ihnen sagen sollte. Und es liegt mir nicht, einfach so irgendetwas an meine Facebook-Pinnwand zu schreiben. Dafür sind zu viele Leute in meinen Freundeskreis gelangt, die ich nicht einschätzen kann oder denen ich einfach nichts mitzuteilen habe. Natürlich könnte ich bei jeder Nachricht überlegen, wer sie denn lesen soll und wer nicht und die entsprechenden Einstellungen vornehmen, doch der damit verbundene Aufwand ist mir zu groß. Deshalb schweige ich lieber oder schreibe Unverfängliches. Der viel beschworene Facebook-Effekt, die Zusammenführung der Welt in einem Online-Netzwerk ist einfach nur eine große Illusion. Zumindest für mich.

Für andere ist Facebook dagegen großartig. Sie haben 936 Freunde, von denen sich viele rege an Konversationen beteiligen, sich freuen, wenn jemand aus seinem Leben erzählt, Anteil daran nehmen. Facebook ist das, was man selbst daraus macht. Und deshalb genauso gut oder schlecht wie das tatsächliche Leben, nur sehr viel schneller.

Der Begriff Freunde, den Facebook so gerne verwendet, ist irreführend. Denn niemand hat 367 Freunde. Es sind Bekannte, mal mehr, mal weniger gute. Es sind Freunde darunter, aber auch Menschen, die man nur zähneknirschend in den Kreis geholt hat, weil es komisch wäre, wenn man sie als Freund ablehnen würde. Weil man beruflich miteinander zu tun hat oder sie mit Freunden befreundet sind und man diese nicht vor den Kopf stoßen will.

Facebook macht es nicht einfach, diese verschiedenen Leute unter einen Hut zu bringen. Auch weil Facebook es gar nicht will. Facebook-Chef Mark Zuckerberg möchte seine Nutzer erziehen. «Ich will die Welt zu einem offeneren Ort machen», steht in seinem Facebook-Profil. Doch Öffnung heißt für ihn, dass sich alle Menschen mit ihrem vollen Namen anmelden und möglichst alle Daten mit allen teilen. Nicht nur Lieblingsmusik, Bücher oder Filme, sondern auch ihre Gedanken, Träume, Befindlichkeiten. Die Angst vor dem Teilen von Daten geht zurück, sagt Zuckerberg und verweist dabei auf die Unmenge an Blogs, in denen Menschen ein offenes Tagebuch führen, er zeigt auf Reality-Shows im Fernsehen. Und verkennt doch, dass viele seiner Nutzer weder das eine machen, noch am anderen teilnehmen. Die meisten wollen einfach nur Kontakt mit entfernten Bekannten halten und sind nicht die Selbstdarsteller, für die Zuckerberg die Menschen inzwischen hält.

Doch Zuckerberg hat eine Mission: Er sagt zwar, dass Facebook mit seinen Möglichkeiten, die Privatsphäre zu schützen, und mit der immer weiter fortschreitenden Offenlegung privater Daten nur auf Trends reagiert, doch in Wirklichkeit versucht Facebook, den Trend zu machen und seine Nutzer von dem angeblich veralteten Denken wegzubringen.

Freundschaften pflegen definiert sich bei Zuckerberg über das Aufschreiben von Listen mit Lieblingssachen, über Partygeplauder und am besten über das Fanwerden bei Marken, die man damit weiterempfiehlt. Freundschaft ist dann, wenn man konsumiert. Facebook ignoriert, dass Freundschaft auch Verschwiegenheit beinhaltet, dass man auch nach Jahren noch überrascht werden möchte und nicht den ganzen Menschen anhand seines Facebook-Profils kennen und beurteilen möchte.

Über Facebook kann man mit alten Freunden in Kontakt bleiben, man kann ab und an kleine Statusmeldungen in die Welt setzen und so das Gefühl haben, man wäre noch dabei. Doch ob man das wirklich ist, ist die andere Frage. Ein Journalist der «New York Times» hat geschrieben, dass ihn Facebook an die Zustände in einer Kleinstadt erinnert. Es bringt Erinnerungen an eine Zeit zurück, in der noch jeder jeden kannte. Er meint das positiv – und hat wahrscheinlich noch nie in einer Kleinstadt gewohnt, in der jeder dachte, alles über die anderen zu wissen. In der hinter Gardinen hervor gespäht und im Leben der anderen geschnüffelt wird. Facebook gibt seinen Nutzern die Illusion, dass man alles über die anderen weiß, und glaubt vor allem selbst daran. Doch im Grunde weiß man gar nichts, man kennt die Vorlieben und einige Gedanken, doch den wirklichen Menschen wird man auf Facebook nicht entdecken. Den trifft man nur abseits des Computers.

Mark Zuckerbergs Profil auf Facebook hat übrigens nur wenige Einträge. Entweder ist er ein fürchterlich uninteressanter Mensch oder er hat eine Menge Informationen, die er nicht mit jedem teilen will. Obwohl das doch eigentlich sein Ideal ist.

Privatsphäre: Wir sind Daten

Am 9. August 2006 wird Nummer 4417749 der Öffentlichkeit vorgestellt, auf dem Titel der «New York Times»: Nummer 4417749 ist Thelma Arnold, eine Witwe aus Lilburn, einer Kleinstadt im US-Bundesstaat Georgia. Sie hat im Internet recherchiert und diese Suchanfragen wurden von ihrem Anbieter AOL unter besagter Nummer protokolliert und zu Forschungszwecken im Internet veröffentlicht. AOL ging davon aus, durch die Vergabe von Nummern die Suchdaten ausreichend anonymisiert zu haben.

Doch dies war nicht der Fall. Reporter der «New York Times» haben Thelma Arnold trotzdem identifizieren können, indem sie ihre Suchbegriffe analysierten. So haben sie zuerst den Wohnort herausgefunden, Rückschlüsse auf Alter und Familienstand gezogen und schließlich den Namen identifiziert. Aus der vermeintlichen Anonymität des Internets haben sie Thelma Arnold an die Öffentlichkeit gezerrt. So wie ihr kann es jedem von uns gehen, wenn unsere Suchanfragen öffentlich gemacht würden.

Zuckerberg arbeitet an einem Ende der Privatsphäre, wie wir sie bisher kennen. Seine Firma tut alles dafür, dass unsere Online-Privatsphäre weiter erodiert. Mehr als eine halbe Milliarde Menschen vertrauen Facebook ihre Daten, ihre Gedanken, ihre Fotos an. Sie vertrauen sie Mark Zuckerberg an, dem Mann, der in der Anfangsphase von Facebook einmal einem Kommilitonen Daten von Mitstudenten angeboten hat und auf die erstaunte Nachfrage, wo er die denn her hätte, antwortete: «They trust me, dumb fucks.» («Sie vertrauen mir, die dummen Idioten.») Heute tut er diesen Spruch als Jugendsünde ab. Dennoch trägt dies nicht dazu bei, Facebook vertrauen zu können.

Genauso wenig hilfreich ist der Vorgang der Anmeldung bei Facebook. Die Datenschutzbestimmungen sind undurchsichtig, noch undurchsichtiger die Einstellungen, die man machen kann, um seine Daten vor der Einsicht Dritter zu schützen. Die Anweisungen dazu lesen sich manchmal so kafkaesk wie ein Kindergeldantrag.

Doch Zuckerberg ist nicht allein mit seiner Einstellung gegenüber der Privatsphäre. Twitter behält sich vor, die Nutzerdaten zu verkaufen, Apple protokolliert den Aufenthaltsort von iPhone-Nutzern und Google-Chef Eric Schmidt will sogar, dass seine Firma alle Daten seiner Benutzer bekommt, «hundert Prozent». Nur dann könne ein wirklich einfaches Surfen im Internet stattfinden. Google würde uns an unser Ziel bringen, ohne dass wir sagen müssen, was unser Ziel ist. Google könnte es uns im Gesicht ablesen.

Für Menschen, die in einer Zeit aufgewachsen sind, als Dinge wie eine Volkszählung noch ein Anlass dafür waren, auf die Straße zu gehen, sind die Möglichkeiten von Google, Facebook und Co. beängstigend und haarsträubend. Sie denken sofort an George Orwell, «1984» und Big Brother. Wenn man sich die Dienste aber näher anschaut, haben sie nur wenig vom düsteren Orwellschen Überwachungsstaat. Ihre Ziele erinnern vielmehr fatal an einen anderen Klassiker: an Aldous Huxleys «Schöne neue Welt», in der den Menschen alles einfach gemacht wird, sie vor allem nach einem leichten Leben streben, in dem immer alles gut ist. In dieser Welt weicht niemand von der Norm ab, weder negativ noch positiv. Der technische Fortschritt hat aus Menschen Konsumenten gemacht, die nur noch durch Drogenkonsum froh sein können. Fehler und negative Gefühlsregungen sollen ausgeschlossen werden. Das Private spielt keine Rolle mehr, Eigenbrötler werden schräg angeschaut.

Die Privatsphäre ist der Ort, an den wir uns physisch oder psychisch zurückziehen, wenn wir etwas nicht mit anderen teilen möchten. Es ist der Ort, an dem wir allein sein können, unbeobachtet die Beine hochlegen oder unsere eigenen Gedanken hegen, uns keine Sorgen darüber machen müssen, was andere über uns denken. Es ist der Ort, an dem wir wir selbst sein können, unbedrängt, unbeschwert.

Zur Privatsphäre zählen aber auch Informationen über uns, die wir nicht mit anderen teilen wollen. Vorstrafen zum Beispiel, unsere medizinische Geschichte oder auch einfach der Kontostand und die Höhe unseres Einkommens. Es sind, um es einfach zu sagen, die Dinge, von denen wir meinen, dass sie niemanden etwas angehen. Das ist von Person zu Person verschieden, von Land zu Land, von Kulturkreis zu Kulturkreis.

Das Konzept der Privatsphäre wird immer wieder misstrauisch betrachtet: von staatlicher Seite, denn was privat ist, entzieht sich oft der behördlichen Überwachung, vonseiten der Wirtschaft, denn was privat ist, ist am interessantesten. Es ist die Information, die man braucht, um Menschen etwas zu verkaufen.

Die Privatsphäre ist etwas, das immer neu definiert werden muss. Ihre Grenzen müssen immer wieder neu gezogen werden, sie muss verteidigt werden gegen neue Versuche, in sie einzudringen. Problematisch ist das allerdings, wenn man gar nicht mehr weiß, wo überall Daten gesammelt werden, in welchem Umfang das geschieht und was mit ihnen gemacht wird. Das Internet ist eine der größten Datenschleudern, Google und Facebook sind die eifrigsten Sammler.

Es ist nur eine kleine Meldung, die Mitte September 2010 die Runde macht. «Google-Mitarbeiter spioniert Teenager aus», heißt es da. Der 27-Jährige hat Chat-Protokolle von Teenagern mitgelesen und sich sogar in Telefonate eingeklinkt. Bekannt wurde das, weil er mit diesem Wissen gegenüber einigen Betroffenen geprahlt hat. Es ist eine kleine Meldung, die so fast über jede Firma geschrieben werden könnte, in der System-Administratoren sitzen, die ihre Pflichten nicht so genau nehmen. Wahrscheinlich kommen Fälle wie dieser hundertfach, tausendfach im Jahr vor, nur wird von ihnen nicht berichtet. Bei Google werden sie öffentlich gemacht, weil die Firma unter besonderer Beobachtung steht: Schließlich ist bekannt, dass sie unsere Daten will, und wir müssen davon ausgehen können, dass sie dort sicher sind. Doch schon ein Fehltritt eines einzigen Menschen in diesem großen Konzern kann viel von dem Vertrauen zerstören, das man der Firma entgegenbringen möchte.

Es geht Google-Chef Eric Schmidt um all unsere Daten, unsere E-Mails, Sachen, die uns am Herzen liegen. Er ist ehrlich, wenn er die Strategie seiner Firma beschreibt. Er will alle unsere Daten – um uns im Internet zu helfen natürlich, um uns das Leben so angenehm wie möglich zu machen, um uns schon, bevor wir ein Wort bei Google eingeben, ein Ergebnis präsentieren zu können.

Und natürlich geht es auch darum, Werbung zu verkaufen, personalisierte Werbung. Werbung, die genau auf die Person zugeschnitten ist, die gerade vor dem Computer sitzt. Werbung, die vielleicht nur sie zu sehen bekommt, die aber genau das bewirbt, nach dem sie gerade sucht, ob sie es weiß oder nicht. Werbung, die ausgesucht wurde, weil Google nicht nur den Suchbegriff kennt, den die Person gerade eingegeben hat, sondern auch ihr vergangenes Nutzungsverhalten im Netz, ihre letzten Suchanfragen, die Seiten, die sie daraufhin besucht hat.

Daten sind Geld, kaum jemand weiß das besser als Google. Das ganze Geschäft der Suchmaschinenfirma ist darauf ausgelegt, Daten zu sammeln, sie zu verknüpfen, Profile daraus zu bilden und nach Auswertung dieser Profile Werbung zu verkaufen.

Jedes Mal, wenn wir bei Google nach einem Begriff suchen, wird dieser festgehalten. Wenn wir auf eine Anzeige klicken, wird das notiert, selbst wenn es gar nicht bei Google selbst ist, sondern bei einer der unzähligen Seiten, die Platz an Google verkaufen, damit die Firma dort Anzeigen schalten kann. Google registriert, welche Internetadresse ein Rechner hat, der eine Suchanfrage stellt, mit welchem Betriebssystem er läuft und welchen Browser er benutzt. Google speichert die Suchanfrage und auch, welche Antwort zuerst angeklickt wurde. Ob wir mit der ersten Antwort zufrieden waren oder nicht. Daraus will die Firma ablesen, welche Antwort relevanter ist und das bei zukünftigen Suchanfragen berücksichtigen. Google glaubt, uns so besser zu verstehen und weiterzuhelfen.

Es sind kleine Dateien, die auf unseren Computern landen, harmlos Cookies (Kekse) oder Beacons (Leuchtfeuer) genannt. Sie speichern Informationen über die Webseiten, die wir besucht haben, über die Internetadresse, über die wir im Netz zu identifizieren sind. Sie lesen aus, welches Betriebssystem wir benutzen, mit welchem Browser wir surfen. Sie geben unserem Rechner eine Nummer, mit der er für die, die sie abgelegt haben, eindeutig zu identifizieren ist. Sie sind kleine Spione auf unseren Rechnern. Sie sind insofern harmlos, als sie keinen Schaden anrichten können auf unserem Rechner; alles, was sie in Wirklichkeit tun ist unseren Rechner wiedererkennen.

Sie sind lästig und sie lassen sich kaum ausschalten. Bei normalen Cookies geht das noch. Allerdings wird man schon bald auf die erste Webseite stoßen, die nicht funktioniert, weil sie einen Cookie setzen will, aber das nicht darf. Wer sich nicht identifizieren will, wird ausgesperrt. Ist der Cookie in das populäre Flash-Programm integriert, mit dem Webseiten animiert werden, so haben wir kaum eine Chance, ihn zu löschen. Er wird uns weiter beobachten oder vielmehr den Beobachtern einen Blick auf unsere Daten ermöglichen.

Auch Google speichert einen Cookie auf unserer Festplatte. Eine kleine Datei, in der ein paar Nummern stehen. Darunter eine eindeutige Identifizierungsnummer und ein Datum, an dem der Cookie verfällt. Diese Daten, so sagt Google, dienen dazu, uns unsere bevorzugten Einstellungen zu präsentieren. Die Startseite so zu gestalten, wie wir sie am liebsten haben. Die bevorzugte Sprache zu liefern oder Filtereinstellungen für die Bildersuche vorzunehmen zum Beispiel. Einziges Problem dabei: Die Cookies bleiben gültig, das ganze Leben eines Rechners lang. Zumindest so lange, wie Nutzer immer wieder Google besuchen, denn mit jedem Besuch verlängert sich die Lebensdauer des Cookies um zwei Jahre. Und mit jedem Besuch wird unserem Profil ein weiteres Detail hinzugefügt.

Das zeigt vor allem eins: Google nimmt den Datenschutz, unsere Privatsphäre, nicht sonderlich ernst. Der Cookie hilft, unser Surfverhalten über Wochen, Monate und Jahre hinweg zu protokollieren. Nur unseren Namen kennt Google noch nicht. Doch dafür gibt es ja die Möglichkeit, ein Google-Konto zu eröffnen. Das ist ein Service, der kein Geld kostet, aber eine Unmenge von

Daten. Mit einem Google-Konto kann ein E-Mail-Fach angelegt werden, verschiedene Dienste können auf eine personalisierbare Startseite gepackt werden. Mit dem kostenlosen Bildbearbeitungsprogramm Picasa können Bilder bearbeitet und in Galerien ins Netz gestellt werden, manche YouTube-Videos können nur mit Konto gesehen werden, weil sie an Altersfreigaben geknüpft sind. Mit dem Konto und einer Kreditkartennummer kann Google Checkout verwendet werden, der ähnlich wie der an Ebay angeknüpfte Bezahlservice PayPal funktioniert. Er soll Zahlungen über das Internet vereinfachen. Google wird damit zur Bank und bekommt Informationen über unser Vermögen, über Produkte, die wir kaufen und wo wir sie kaufen. Die Firma protokolliert auch, wenn Nutzer auf Seiten unterwegs sind, die an Googles AdSense-Programm teilnehmen. Und das sind viele, darunter auch große Zeitungen und Zeitschriften. Kombiniert man dieses Wissen mit Anfragen bei Google Maps und Google Earth, so bekommt man ein recht umfassendes Bild der Vorlieben eines Nutzers. Und zudem seinen Namen und auch noch die Adressen von Menschen, mit denen dieser regelmäßig E-Mails austauscht.

Natürlich wird diese Verknüpfung nicht gemacht, sagt Google. Google ist schließlich gut.

Konnte man bis vor einigen Jahren sicher sein, dass es niemandem möglich sein wird, die angesammelten Daten auch auszuwerten, so ist das inzwischen anders. Denn die technischen Möglichkeiten, diese Daten zu verknüpfen, sind vorhanden – gerade bei Google. Die Rechenzentren von Google gelten als die größten der Welt, die Mitarbeiter durchlaufen einen rigorosen Einstellungsprozess. Es sind nur die besten, die bei Google arbeiten. Immer wieder sickern Gerüchte über Forschungsprojekte durch, an denen Google arbeitet, Gesichtserkennung, künstliche Intelligenz, Umgebungserkennung – alles, was dazu dienen kann, uns zu identifizieren, zu klassifizieren und uns entsprechende Werbung zu servieren. 14 Fotos von uns braucht Google, sagt Eric Schmidt, um uns eindeutig identifizieren zu können. Die sind bei vielen leicht gefunden. Man muss nur bei Facebook schauen. Google vermisst unsere Daten und unsere Welt. Wer aber glaubt, dass Google einzigartig ist, sieht sich bald getäuscht. Apple sammelt genauso Daten wie Facebook. Sie protokollieren unsere Bewegungen im Netz und über Handy-Funktionen auch unsere Bewegungen in der Welt. Sie kombinieren das mit unserem Kaufverhalten und Informationen zu unserem Freundeskreis. Sie wollen alles wissen.

«Ich war so wütend», sagt der Mann aus Steyregg in Oberösterreich. So wütend, dass er mit einer Hacke in der Hand hinter einem Auto hergelaufen ist, das eine Kamera auf dem Dach montiert hat. Diese schoss in bestimmten Abständen Fotos von der Umgebung. Der Mann wollte nicht, dass sein Haus, sein Garten oder er selbst abgelichtet werden. Nachbarn hielten ihn davon ab, den Fahrer des Wagens anzugreifen, beruhigen ihn und starten dann eine Unterschriftenliste. Auch sie möchten nicht, dass ihr Dorf in einem Dienst auftaucht, den Google schon seit Längerem in den USA betreibt: Street View.

Street View ist eine Erweiterung der bekannten Google-Earth- und Google-Maps-Anwendungen im Internet. Anstelle von Luftbildern kann man zusätzlich noch eine Ansicht bekommen, die aus Straßenhöhe fotografiert wurde. Jedes Haus einer Straße ist dort zu sehen, dazu geparkte Autos, Hunde, Mülltonnen, Menschen. Spielende Kinder, knutschende Pärchen, Männer, die gerade aus dem Sexshop kommen. Google Street View geht nah an die Menschen heran, deshalb macht der Dienst vielen Leuten Angst.

Dabei ist es fast bizarr, mit welcher Vehemenz die Debatte im Sommer 2010 in Deutschland und anderen europäischen Ländern aufkommt. Plötzlich ist Google die Datenkrake, Politiker fordern Gesetze, mit denen Street View beschränkt und geregelt werden soll, die Parlamente kleiner Gemeinden veranstalten Sitzungen zum Thema, wollen erreichen, dass Google sie nicht aufnimmt in das Programm. In den Zeitungen überschlagen sich die Kommentatoren, Gesetze zur Erhebung von Geodaten werden ins Gespräch gebracht.

Die Bilder seien eine Einladung für Einbrecher, sie dienten dazu, uns auszuspähen und unsere Häuser zu begutachten. Das ist natürlich Quatsch. Kaum ein Einbrecher würde sich bei der Planung eines Einbruchs auf Street View stützen. Die oft Monate, wenn nicht sogar Jahre alten Bilder sagen nicht viel über den aktuellen Zustand des Hauses aus, noch viel weniger über die An- oder Abwesenheit seiner Bewohner.

Genauso hilflos ist die Antwort von Google: «Straßenbilder mit Passanten werden zulässigerweise angefertigt und veröffentlicht, seit es die Fotografie gibt, und sind heute allgegenwärtig in Zeitungen, dem Fernsehen und dem Internet.» Das schreibt die Firma auf ihrer Webseite als Erklärung zu Street View. Das ist richtig und geht doch nicht auf die Ängste vieler Bürger ein, ignoriert einen Punkt, der sehr wichtig ist: Noch nie in der Geschichte war es möglich, sämtliche Häuser einer Stadt, eines Landes oder gar eines Kontinents anzuschauen, ohne sich vom Schreibtisch zu erheben. Es ist die schiere Menge der Daten, die Angst macht, die unbändige Sammelwut. Es ist das Gefühl der Hilflosigkeit, das Menschen dabei überkommt, wenn ein Konzern wie Google Dinge macht, die über ihr Vorstellungsvermögen gehen, wenn eine Firma so nah an ihr Leben herankommt, wie Google es mit Street View tut.

Auch wenn es schon lange das Angebot Google Maps gibt, wo zwar nicht die Häuserfront abgebildet ist, aber jeder per Luftbild über den Zaun auch in den Hintergarten schauen kann und sich darüber erstaunlicherweise niemand beschwert hat: Die Angst vor Street View ist echt und muss ernst genommen werden. In Street View manifestiert sich die Sammelleidenschaft von Google. Was zuvor an Daten auf Googles Servern verschwindet, ist viel zu abstrakt, als dass man das verstehen könnte. Aber «Mein Haus im Internet» ist etwas, worunter sich jeder etwas vorstellen kann – und sich darüber erregen. Auch wenn es viel sensiblere Daten gibt, die Google bereits hat und die Firma schon plant, neue zu sammeln, denn es gibt einen Konkurrenten um die besten Werbeplätze im Internet. Und der kommt an viel interessantere Daten als Google. Der Konkurrent heißt Facebook.

«Keine persönlichen Informationen, die du Thefacebook anvertraust, werden an Nutzer weitergegeben, die nicht zu mindestens einer der Gruppen gehören, die du in deinen Datenschutzeinstellungen festlegst.» So lautete 2005 die Datenschutzklausel von Facebook, 2010 klingt sie deutlich anders: «Auf Facebook geht es um das Teilen von Inhalten. Mit unseren Privatsphäre-Einstellungen kannst du festlegen, welche deiner Inhalte du mit anderen teilen möchtest. Erfahre, wie du einstellen kannst, wer deine Informationen auf und außerhalb von Facebook sehen kann.» Die Voreinstellungen sind großzügig: Zuerst einmal hat jeder Zugriff auf alle Informationen, die man Facebook gibt.

Mit anderen Worten: Facebook hat sich gewandelt von einer Firma, die die Privatsphäre ihrer Besucher über alles stellt, zu einer Firma, die die Veröffentlichung privater Daten zu ihrer Mission macht. Das hat Folgen. Auch für langjährige Mitglieder des Dienstes, denn selbst die sind von den immer neuen Regeln, den sich immer wieder wandelnden Einstellungsmöglichkeiten überfordert.

Und so finden auch diese sich in den 100 Millionen Datensätzen wieder, die ein kanadischer Sicherheitsexperte Mitte 2010 innerhalb kürzester Zeit von Facebook kopiert. Sie beinhalten den Namen und die Adresse der Facebook-Seite dieser Menschen. Er hat sie online gestellt. Es ist keine Sicherheitslücke, die er ausgenutzt hat. Es sind Daten, die einfach offen vorliegen, für alle sichtbar. Er hat darauf verzichtet, noch weitere Angaben der Menschen zu kopieren, ihr Alter, ihr Geschlecht, ihr Geburts- oder Wohnort. Aber es wäre möglich gewesen. Dieses Experiment zeigt, wie leichtfertig viele Menschen mit den Privatsphäre-Einstellungen bei Facebook umgehen und wie schwierig es ist, dort seine Daten zu schützen, denn die Einstellungen sind alles andere als selbsterklärend.

Möglich wurde diese Sammelaktion auch, weil Facebook seine Einstellungen geändert hat. Profile können nun auch über Google gefunden werden, nicht mehr nur mit der Facebook-Suche, und dies so lange, wie der Benutzer keine andere Einstellung vornimmt. Das macht es einfacher, gefunden zu werden, was ja auch einer der Gründe ist, weshalb man sich bei Facebook anmeldet. Es macht es aber auch für Datensauger einfacher. Die Sammelaktion war auch deshalb möglich, weil die Einstellungen zum Datenschutz bei Facebook verwirrend sind und sich immer wieder ändern. Bis zu 25 verschiedene Einstellungen kann man vornehmen – auf verschiedensten Seiten und unter verschiedenen Rubriken. Kein Wunder, dass viele Menschen die Standardeigenschaften eingestellt lassen – und so fast alle ihrer Daten öffentlich machen. Facebook, so wird immer deutlicher, hat kein Interesse mehr an Privatsphäre, denn die verdirbt das Geschäft, sie macht Profile weniger wertvoll.

Das Problem mit Diensten wie Facebook oder Google Mail: Selbst wenn man sie nicht nutzt, werden sie doch früher oder später an einige unserer Daten herankommen und sie verwerten. Bei Google Mail zum Beispiel werden nicht nur die E-Mails, die von einer Google-Mail-Adresse geschickt werden, nach Stichwörtern gescannt und dem Sender entsprechende Werbung angezeigt. Auch eingehende Mails werden so bearbeitet. Selbst wenn man sich bewusst entscheidet, diesen Dienst nicht zu nutzen und lieber etwas Geld für einen Provider zahlt, der die Post nicht mit Werbung verziert – selbst dann kann man ins Netz geraten.

Ebenso fragwürdig ist der Umgang mit Daten von Nichtkunden bei Facebook. Dass der eigene Name schon lange in der Datenbank der Firma stehen muss, merkt man bereits bei der Anmeldung. Man hat noch keine Freunde und müsste eigentlich ein unbeschriebenes Blatt sein. Doch das ist man nicht, wie man schon beim zweiten Schritt der Anmeldung feststellt, wenn man Freunde suchen und hinzufügen kann. Facebook schlägt einige Namen vor. Erstaunlich daran: Es befinden sich tatsächliche Bekannte und Freunde darunter. Das ist einerseits praktisch, gleichzeitig aber höchst beunruhigend, dass Facebook anscheinend bereits weiß, dass man mit den jeweiligen Menschen bekannt ist. Das heißt weiter: Facebook hat bereits Namen von Nichtmitgliedern gespeichert und mit den Profilen bereits angemeldeter Nutzer verknüpft – eine äußerst fragwürdige Praxis.

Facebook kommt auf zwei Wegen zu diesen Namen: Zum einen merkt es sich die Namen der Menschen, nach denen andere Nutzer suchen, verknüpft sie intern also schon einmal miteinander. Wenn einer der Gesuchten sich schließlich anmeldet, wird die Verbindung sofort hergestellt. Das ist zwar durchaus praktisch und gut überlegt, aber auch unheimlich. Gleiches gilt für die Funktion «Freunde finden». Mit ihr kann man das eigene E-Mail-Programm durchsuchen lassen, das Adressbuch, sogar die E-Mail-Konten auf einem Webmailer. Facebook kann dann anhand der Daten abgleichen, ob sich die dort gespeicherten Personen schon auf Facebook aufhalten. Was mit den ausgelesenen Daten geschieht? So wie Facebook sich bisher verhalten hat, ist kaum davon auszugehen, dass diese gelöscht werden.

Das Problem: Man versteht oft erst hinterher, was Facebook wirklich macht, welche Daten es kopiert. Und dann ist es zu spät. Das mussten auch iPhone-Besitzer feststellen, die ihr Adressbuch mit Facebook synchronisierten. Sie hatten zwar jetzt Porträtfotos ihrer Kontakte auf dem Handy, denn Facebook ordnet diese automatisch den Adressen zu. Im Tausch dafür hatte der Dienst aber das komplette Adressbuch und damit einen neuen Datensatz, der sich gut verwenden ließ.

Zumindest so lange, bis Datenschützer auf die Sache aufmerksam wurden. Denn Facebook verletzt hier die Rechte von Menschen, die weder erfahren, dass ihre Daten jetzt bei Facebook lagern, noch etwas dagegen tun können. Selbst die, die das Adressbuch synchronisiert haben, konnten nichts mehr machen. Lange gibt es keine Funktion, die Daten wieder zu löschen. Was einmal bei Facebook gelandet ist, bleibt dort.

Das gilt auch für die Daten der Menschen, die sich bei Facebook abmelden wollen. Denn wer sich einfach nur abmeldet, wird nicht gelöscht, er wird einfach nicht mehr angezeigt, die Daten sind aber weiterhin vorhanden. Nur wer eine komplizierte Prozedur durchläuft, kann seine Daten wirklich löschen lassen. Ob das dann auch wirklich geschieht? Nach den bisherigen Erfahrungen mit Facebook muss man skeptisch sein.

Facebook schreckt auch nicht vor fragwürdigen Methoden zurück, um an Daten zu kommen. So kann es passieren, dass man nach ein paar Tagen aus Facebook rausfliegt, ohne ersichtlichen Grund. Um wieder auf die Seite zu kommen, muss man sich identifizieren, heißt es. Facebook will wissen, ob man auch der ist, für den man sich ausgibt. Die einzige Möglichkeit: die eigene Handynummer eingeben, eine SMS mit einem Code abwarten und sich mit dem wieder anmelden. Jetzt hat Facebook auch die Handynummer. Was damit passiert, wird nirgendwo erklärt. Genauso wenig, wie bei der Anmeldung darauf hingewiesen wird, dass so ein Verfahren irgendwann einmal nötig sein könnte.

Da ist es fast niedlich, was passiert, wenn man versucht, sich abzumelden. Wie versucht wird, Druck aufzubauen, ein schlechtes Gewissen zu erzeugen. Man wird von einer Reihe von Porträts seiner Facebook-Freunde angeschaut. Sie werden dich vermissen, heißt es dann, willst du sie wirklich verlassen?

Man würde es wirklich gerne tun, einzig weil einen die Art und Weise ärgert, wie Facebook mit Daten umgeht. Die Selbstverständlichkeit, mit welcher Regeln immer wieder neu geschrieben werden, Datenschutz und Privatsphäre immer weiter ausgehöhlt werden, wie die Einstellungen von einer halben Milliarde Menschen mit einem Handschlag geändert werden. Mutig nennt Zuckerberg das – und lässt offen, ob er stolz darauf ist, dass er für eine halbe Milliarde Menschen die Privatsphäre-Einstellungen geändert hat oder darauf, dies technisch umgesetzt zu haben, ohne dass die Serverleistung darunter gelitten hat. Was auch immer er damit sagen wollte, es bleibt zu bezweifeln, ob er wirklich dazugelernt hat, ob er wirklich nicht mehr der Meinung ist, seine Nutzer seien naive Idioten. Er tut alles, damit man doch glaubt, dass er seine

Nutzer für dummes Volk hält, dem man den Unfug mit dem Datenschutz einfach austreiben muss.

Zuckerberg versteht nicht, warum Datenschutz wichtig ist. Er geht davon aus, dass jeder Mensch eine Identität hat und diese sich auch online darstellen lässt. Wer mehrere Identitäten hat, dem mangelt es an Integrität, sagt Zuckerberg und verteidigt damit auch den Zwang, bei Facebook den richtigen Namen tragen zu müssen. Das ist ein Novum im sonst so anonym scheinenden Internet und auf einer Plattform, zu der jeder Zugang hat.

Zuckerberg scheint nicht von seiner Person abstrahieren zu können. Er hat es nicht nötig, sich zu verstellen. Er ist der Chef einer Milliarden Dollar schweren Firma, er ist der jüngste Milliardär der Welt. Er kann es sich leisten, Visitenkarten mit dem Aufdruck «I'm CEO … Bitch» («Ich bin der Chef … Schlampe») zu verteilen, er hat keine Probleme damit, dass Trinkgelage aus frühen Facebook-Tagen an die Öffentlichkeit geraten. Bei anderen Menschen ist das anders.

Bei der jungen Mitarbeiterin einer englischen PR-Firma zum Beispiel, die in ihrem Facebook-Konto anmerkte, dass sie ihr Job langweile. Kurz darauf war sie ihn los. Bei der Angestellten einer Schweizer Bank, die während einer Krankschreibung wegen Migräne auf Facebook surfte und daraufhin die Kündigung erhielt. Bei den unzähligen Bewerbern, deren Facebook-Profil von Personalchefs durchforstet wird.

Bei der jungen Engländerin, die ein Foto mit einer neuen Liebe auf Facebook präsentierte. Ein alter Liebhaber sieht es, fliegt nach London und ersticht sie. Bei vielen Scheidungsfällen, bei denen vermeintliche oder tatsächliche Untreue über Facebook aufgedeckt wurde. Bei unzähligen Menschen, deren Bewerbung abgelehnt wurde, weil Personalchefs inzwischen routinemäßig den Facebook-

Account überprüfen und bei Bildern, auf denen die Bewerber ein Glas Bier in der Hand halten, eine rote Karte zeigen.

Sie alle hätten liebend gerne eine andere Identität online gehabt.

Zuckerbergs Aussage ist Unfug. Verschiedene Rollen zu haben beziehungsweise verschiedene Identitäten, das ist normal. Jeder nimmt verschiedene Rollen ein – mit Sicherheit auch Mark Zuckerberg. Niemand verhält sich in unterschiedlichen Gruppen gleich. Niemand ist im Familienkreis genauso wie auf der Arbeit. Niemand ist im Sportverein so wie im Urlaub. Wir nehmen verschiedene Rollen an, passen uns an die Menschen an, mit denen wir unterwegs sind. Das ist keine mangelnde Integrität, sondern ein ganz normales menschliches Verhalten. Denn natürlich sind wir vorsichtig in dem, was wir von uns preisgeben, wem wir etwas erzählen.

Wir werden im Beruf nicht offen über den Chef lästern. Zärtlichkeiten mit den Partnern werden eher daheim ausgetauscht, laut und vielleicht auch ausfallend werden wir eher in der Kneipe nach dem fünften Bier. Und wir werden sehr viel Wert darauf legen, dass diese Kreise auch weiterhin getrennt bleiben. Warum also sollte das bei Facebook anders sein? Nur weil wir uns mit unserem richtigen Namen anmelden, sind wir noch lange nicht immer dieselbe Person, verhalten uns immer gleich.

Auch bei Facebook haben wir eine andere Identität als im Alltag. Wir sind uns bewusst, dass wir etwas schreiben, das Bestand haben wird – zumindest sollten wir es uns sein. Viele Menschen werden es lesen können, nicht nur unsere engsten Vertrauten. Wir werden darüber nachdenken, wie wir uns darstellen, werden uns bemühen, witzig und interessant zu sein. Facebook ist eine weitere

Spielwiese für eine weitere Identität. Aber sie schränkt uns genauso ein wie andere Identitäten.

Denn der richtige Name macht etwas anderes: Er diszipliniert uns. Das macht Facebook auf der einen Seite zu einer wohltuenden Oase im Internet, denn die sonst in Foren vorherrschende Diskussionskultur fällt hier aus. Gedeckt von Pseudonymen kann man sich vortrefflich schlecht benehmen. Wo sonst beim geringsten Anlass gepöbelt wird, geschimpft und bloß nicht auf die Argumente der anderen eingegangen wird, ist man bei Facebook nett zueinander oder zumindest höflich. Aber es führt zu einem Effekt, den schon der englische Philosoph Jeremy Bentham erkennt, als er für den Neubau von Gefängnissen und Fabriken ein Modell namens Panopticon entwirft. Es zeichnet sich dadurch aus, dass man Orte erkennt, von denen aus man überwacht werden kann, man aber nicht sieht, ob man tatsächlich überwacht wird. Es ist, so meint Bentham, die beste Art und Weise, Menschen zu überwachen, denn sie überwachen sich in diesem Moment selbst.

Zuckerberg möchte uns mit Facebook erziehen, möchte, dass wir uns selbst überwachen, nicht aus der Rolle fallen oder von der Norm abweichen. Das ist für ihn einfach, weil er seine Normen selbst macht. Allen anderen wird ein Stück Freiheit genommen, einmal anders sein zu können, als man im tatsächlichen Leben ist. Oder auch einfach nur einmal einen flapsigen Spruch zu machen, ohne zu fürchten, dass ihn jemand sieht, der einem das übel nehmen könnte.

Andere Netzwerke lernen von Facebook. Nicht immer geht das für das Netzwerk gut aus. So zum Beispiel bei Blizzard, dem Entwickler des wohl größten Online-Rollenspiels der Welt – «World of Warcraft» – mit seinen über zehn Millionen Spielern. Hier sollen im Sommer 2010 alle Spieler, die im hauseigenen Forum schreiben und diskutieren, ihren richtigen Namen angeben. Eine bizarre Idee, denn das ureigene Wesen eines Rollenspiels ist es, eine Rolle zu spielen, eine andere Identität anzunehmen und so zum Beispiel als Ork oder Elfe durch Fantasy-Landschaften zu ziehen. In dem Moment, in dem man in einem Teil des Spiels – und dazu gehört ein Forum – seinen tatsächlichen Namen preisgibt, wird die Magie gebrochen. Wenn sich die Schöne Zauberin als Junge aus Wanne-Eickel entpuppt oder der große Held mit den vielen Muskeln als Finanzbeamter. Zudem kann das Fragen aus dem Bekanntenkreis aufwerfen und Probleme im Job zur Folge haben. Denn über den Namen kann schnell herausgefunden werden, dass man «World of Warcraft» spielt. Und Computerspiele, gerade Online-Rollenspiele, sind in der Gesellschaft noch immer nicht in dem Maße anerkannt, dass man sich unbefangen zu ihnen bekennen darf. Blizzard zieht nach großen Protesten aus der Spielerschaft diese Änderung zurück und erlaubt den Spielern weiterhin, unter dem Namen ihrer Figur zu schreiben.

Bei Facebook hingegen wird das Prinzip der echten Namen radikal umgesetzt. Es ist kein Spiel, glaubt Zuckerberg. Facebook ist das echte Leben. Und in dem muss man mit seinem echten Namen auftreten. Was manchmal gar nicht so einfach ist.

Auf einmal ist der Facebook-Zugang gesperrt. Name und Passwort funktionieren nicht mehr, obwohl gestern noch alles ging. Keine Erklärung findet sich dafür auf der Seite, nichts. E-Mails an die Firma, Briefe – sie werden lange nicht beantwortet, mehr als drei Wochen wartet sie auf eine Antwort. So lange bleibt Facebook für Alicia Istanbul gesperrt.

Diese Meldung, die im Spätsommer 2009 durch die Zeitungen geht, wäre eigentlich kaum erwähnenswert, wenn sie nicht ein Licht darauf werfen würde, wie Facebook mit seinen Nutzern umgeht, wenn die Firma den Verdacht hat, dass nicht alles mit rechten Dingen zugeht.

Erst schießen und dann auch noch auf Fragen verzichten, das scheint das Motto zu sein. Das Problem von Frau Istanbul: Sie hat einen ungewöhnlichen Nachnamen. Einen Nachnamen, von dem Facebook annimmt, dass er nicht stimmt und gewählt wurde, um anonym zu bleiben. Facebook hat etwas gegen Anonymität und will nur Menschen, die sich mit ihrem echten Namen anmelden. Dagegen ist wenig einzuwenden, denn wer das nicht möchte, kann die Anmeldung einfach sein lassen. Nicht in Ordnung ist, dass Facebook Menschen aufgrund vermuteter Falschnamen einfach aussperrt. Die Firma gibt ihnen nicht einmal die Chance, ihren Namen zu erklären und sich zu identifizieren. Facebook gibt seinen Computern die Macht, einen Namen für richtig oder falsch zu erklären. Denn es sind keine Menschen, die bei Facebook Profile löschen, sondern Computer.

Der Beitritt zu Facebook ist kostenlos, doch der Türsteher kann zickig sein. Er kann den Eintritt verweigern und muss das nicht einmal begründen. Er kann die Gäste sogar wieder rauswerfen – und muss auch das nicht erklären. Facebook kann in seinem Reich tun und lassen, was es will. Problematisch wird es, wenn Facebook ein Netzwerk für alle Menschen werden möchte und das auch schon für viele geworden ist, wenn es in Zukunft die Kommunikation im Internet übernehmen wird. Spätestens dann wäre das Aussperren von Nutzern keine Sache mehr, die von Facebook allein entschieden werden dürfte. Spätestens dann müsste Facebook mehr Verantwortung zeigen.

Zuckerberg dagegen bleibt stur und zeigt damit ein sehr eindimensionales Menschenbild. Eines, das er mit Sergey Brin und Larry Page von Google teilt. Sie glauben, dass Menschen sich in Zahlen beschreiben lassen, dass sie sich durch das definieren, was sie online machen. Zuckerberg will seine Vorstellungen einer einzigen Identität, seiner sehr technischen Idee von dem, was einen Menschen ausmacht, auf uns übertragen. Weil er tatsächlich meint, dass die Privatsphäre ein Auslaufmodell ist. Dieser Meinung ist er sicherlich auch, da sie für sein Geschäftsmodell eher hinderlich ist. Schöne Aussichten.

Die getrennte Zukunft

Von Wolken und Apps

«Das World Wide Web ist tot», schreibt die amerikanische Internet- und Technikzeitschrift «Wired» im Herbst 2010. Komisch, wo man doch das Gefühl hat, erst jetzt sei das Netz wirklich in jedem Haushalt angekommen, als sei die Vernetzung endlich so, wie sie es seit Jahren von den Propheten der elektronischen Zukunft gepredigt wird. Und doch könnte «Wired» recht haben und die 1991 eingeführte grafische Oberfläche des Internets ein Auslaufmodell sein.

Denn das Netz ist im Umbruch. Anstelle einer Programmiersprache für Webseiten, auf die sich alle einigen können, treten jetzt getrennte Plattformen. Funktionen werden immer mehr über Programme gelöst, über die so genannten Apps, die Menschen ausschließen, die sie nicht benutzen oder benutzen können, weil kein entsprechendes Gerät zur Hand ist. Anstelle eines einzigen Netzes macht jeder Hersteller sein eigenes Netz, sein eigenes System. Vorreiter sind hier die sozialen Netzwerke wie Facebook.

Doch auch andere Änderungen werden einen großen Einfluss haben auf unser Leben. Dazu zählt Cloud Computing, es ist zurzeit eines der größten Forschungs- und Entwicklungsfelder für viele Computerfirmen. In der Wolke, deutsch für Cloud, werden die Dienste ausgelagert, die ein Computer heute im Heim oder im Unternehmen leistet. Die Folge ist eine deutliche Reduzierung von Hard- und Software-Kosten sowie eine deutlich bessere Auslastung von Rechnern. Damit wird das Netz mobil, kann nicht mehr nur über große Rechner zu Hause, sondern zunehmend auch über Handy und andere Kleincomputer abgefragt werden.

Das sind die Märkte der Zukunft und um sie tobt ein Machtkampf, denn der, der die meisten besetzen kann, wird für lange Zeit führend sein im Netz. Es ist ein Kampf, der mit harten Bandagen ausgetragen und in den sehr viel Geld gesteckt wird. Nicht nur in die Forschung, sondern zukünftig auch in die Art und Weise, wie Daten transportiert werden. Dabei könnte es nämlich so sein, dass die Großen es sich einiges kosten lassen, dass ihre Dienste bevorzugt behandelt werden. Die so genannte Netzneutralität wäre am Ende und damit die Zeiten, in denen die Daten einer kleinen Homepage genauso schnell verschickt wurden wie die eines Riesen wie Google.

Es sind diese Zukunftsfelder, die unser Leben bald bestimmen werden. Und sie bergen noch viel größere Gefahren, uns der Technik unterzuordnen, als es das Internet bisher getan hat.

Das Überallnetz

Das Netz wird mobil, das ist keine prophetische Aussage. Es passiert um uns herum, in unseren Telefonen, iPods, iPads. Wir können überall auf alle Informationen zugreifen, sind überall an das große Weltgehirn angeschlossen. Wir können von jedem beliebigen Ort E-Mails verschicken, Statusänderungen bei Facebook eingeben. Wir machen es und lassen dabei immer mehr Kontrolle über unser Leben zu. Wir geben diese Kontrolle sogar freiwillig ab.

Die Tür ist aufgebrochen, in der Wohnung liegen die Sachen durcheinander, Fernseher, Computer und Stereoanlage fehlen. Ein Alptraum, der sich täglich tausendfach auf der Welt abspielt. In Nashua, einer Stadt im Nordosten der USA, sind die Einbrecher an diesem Tag im September 2010 aber besonders clever: Sie lesen bei Facebook mit, schauen auf die «Places» genannte Funktion. Wer Facebook auf seinem Handy nutzt, kann mit ihr seinen Freunden anzeigen, wo er sich gerade befindet und auch selbst sehen, ob sich ein Freund in der Nähe befindet.

Der Besitzer des Hauses, auf das die drei Einbrecher ein Auge geworfen haben, ist auf jeden Fall nicht zu Hause, sondern weit weg, wie sie leicht über den Dienst feststellen können. Die Luft ist rein.

Über Facebook-Places kann man natürlich Werbung empfangen. Geschäfte stellen beispielsweise fest, ob man in der Nähe ist und funken dann automatisiert ein Sonderangebot oder werben mit der Tageskarte.

Ähnlich funktioniert der Google-Dienst Latitude, benannt nach dem englischen Wort für Breitengrad. Wer ihn auf seinem Handy installiert, kann seinen Freunden und Bekannten mitteilen, wo man sich gerade befindet und sehen, ob jemand von ihnen in der Nähe ist. Mehr soziales Erleben versprechen die Anbieter dieser Dienste. Im Ergebnis heißt das aber erst einmal: Mehr Verkehr auf den Facebook-Seiten. Jede Statusmeldung ist ein Klick, multipliziert mit der Anzahl der Freunde und Bekannten, die auf diese veränderte Meldung ihrerseits mit einem Klick reagieren. Jede Ortsmeldung ist ein weiterer Eintrag in der Datenbank, ein weiteres Steinchen im Persönlichkeitspuzzle, das die großen Anbieter über ihre Nutzer anlegen. Und neben Vorlieben und Hobbys sind die Orte, an denen man sich viel aufhält, eine der interessantesten Informationen für diese Firmen. Denn je genauer man den Tagesablauf der Personen kennt, desto genauer kann man Werbung schalten. Kann ihnen für den Weg zur Arbeit ein kleines Café nennen, in dem sie ein Getränk zum Mitnehmen kaufen können. Kann auf Geschäfte, die auf dem Weg liegen, hinweisen. Und vor allem: Man kann die Hinweise dann geben, wenn die Nutzer der Dienste tatsächlich in der Nähe der Werbenden sind. Ein Traum. Für Werbetreibende.

Ein Alptraum für Datenschützer. Das zeigt sich schon beim Start von Facebook-Places im Herbst 2010. Eigentlich muss man den Dienst freigeben, damit er anzeigt, wo man sich befindet. Hat man aber Monate, bevor er überhaupt online ging, in den Privatsphäre-Einstellungen von Facebook etwas geändert, kann es sein, dass man ihn unwissentlich aktiviert hat. Facebook hat Nutzer mal wieder mit unübersichtlichen Erklärungen dazu gebracht, Dinge zu offenbaren, die sie eigentlich nicht öffentlich machen wollen.

Ab in die Wolke

«Project 02» ist ein Industriekomplex wie jeder andere: Zwei große Hallen, daneben stehen Kühltürme. «Project 02» liegt am Columbia River in einer kleinen Stadt namens The Dalles. Hier an der Grenze zwischen Oregon und Washington, in einem kargen Landstrich gelegen, wächst ein Teil der Zukunft. 130 Meilen flussaufwärts, in Städtchen, die Wenatchee oder Quincy heißen, findet sich die Konkurrenz. «Project 02» ist der Codename von Google. Microsoft und Yahoo treten unter ihrem richtigen Namen auf. Sie alle bauen hier am Netz der Zukunft, sorgen vor für eine Zeit, in der Rechenkraft aus dem Internetkabel kommen soll. So wie heute der Strom aus den Steckdosen kommt.

Sie bauen riesige Rechenzentren. Fabriken aus Computern, die Rechenleistung herstellen. Sie siedeln sich hier an, weil es billige Wasserkraft gibt, denn die Computer brauchen sehr viel Energie, und weil das Klima gemäßigt und der Fluss nah ist. So ist auch ohne Klimaanlage eine ausreichende Kühlung der Fabriken gewährleistet. Ein weiterer Grund für die Standortwahl ist eine gute Glasfaserleitung, die eine schnelle Anbindung ans Internet ermöglicht; so ist ein schneller Zugang zu den Wolken gegeben.

Die Wolke, oder auf Englisch Cloud, ist der nächste logische Schritt der Computerisierung der Welt. Sie wird verglichen mit der Einführung des Stromnetzes, als die Elektrizität auf einmal nicht mehr aus dem eigenen kleinen Kraftwerk, aus dem Generator kam, sondern aus der Steckdose. Heute ist es für uns selbstverständlich, dass Elektrizität über lange Leitungen aus Orten geholt wird, die Hunderte Kilometer entfernt liegen. Eigene Generatoren besitzen nur noch Firmen und Einrichtungen, die darauf angewiesen sind, dass der Strom ununterbrochen läuft. Alle anderen fänden es absurd, sich selbst so ein Gerät hinzustellen.

So soll es auch bei den Computern werden. Cloud Computing nennt sich das. Dabei werden die Daten nicht mehr bei dem verarbeitet, der sie gerade nutzt, sondern in Rechenzentren, die über der ganzen Welt verteilt stehen. Mit anderen Worten: Der PC, wie wir ihn heute kennen und nutzen, hat bald ausgedient. Zumindest, wenn es nach den großen Konzernen geht. Alle investieren Milliarden von Dollar in Rechenzentren und Programme. Bei Microsoft hat Steve Ballmer das Thema zur Chefsache gemacht, Google macht einfach, ohne groß darüber zu reden.

Was exotisch klingt, ist es eigentlich gar nicht mehr. Denn im Grunde nutzen wir bereits Dienste aus der Wolke. Wenn wir eine Google-Suche ausführen, wird die nicht in unserem PC berechnet, sondern in einem der vielen Rechenzentren von Google. Sie geht gleichzeitig an verschiedene Rechner, von denen jeder einen kleinen Teil des Suchindex von Google verwaltet. In Bruchteilen von Sekunden suchen diese nach Hinweisen, nach Fundstellen und schicken sie gesammelt und sortiert zurück. Das geht viel einfacher und vor allem deutlich schneller, als wenn nur ein Rechner den Suchbegriff mit dem gesamten Index vergleichen würde.

Facebook ist ein Dienst, der in einer Wolke läuft. Mit unserer Tastatur schreiben wir in Dateien, die irgendwo im Netz liegen, irgendwo in der Wolke. Google bietet bereits Programme an, mit denen online Dokumente und Tabellen erstellt werden können. Unser Gerät zu Hause ist nur noch zur Dateneingabe gut, alles andere macht ein Rechenzentrum. Es gibt Bildbearbeitungsprogramme wie Adobe Photoshop, von dem eine Basisversion auch online zu finden ist. Das Programm öffnet sich im Internetbrowser, das Bild, das wir auf der Festplatte liegen haben, wird im Internet bearbeitet. Wer seine E-Mails über einen so genannten Webmailer schreibt, ist in der Wolke, wer einkauft erst recht.

Von diesem Blickwinkel aus betrachtet ist es kein Wunder, dass der weltgrößte Online-Händler Amazon eine der ersten Firmen ist, die Rechenleistung an Kunden vermieten. Das bringt für beide Seiten Vorteile. Amazon muss große Computerleistung bereithalten, weil es als Online-Händler immer erreichbar sein muss. Egal, ob gerade Sommer ist und wenige Menschen in Kauflaune sind oder ob es auf die heiße Weihnachtsphase zugeht, bei der Tausende

Menschen gleichzeitig auf die Seite von Amazon zugreifen. Gerüstet muss Amazon vor allem für den letzteren Fall sein. Das heißt, dass ein Großteil seiner Computer selten gebraucht wird. Sie können vermietet werden an Unternehmen, die keine eigenen Rechner kaufen und kein Rechenzentrum bauen wollen. Sie kaufen stattdessen in Spitzenzeiten Rechenleistung zu. Die Vorteile sind klar: Diese Firmen kaufen einen Service ein; die Rechenleistung ist da, wenn man sie braucht, so wie Strom immer da ist, wenn man ihn braucht. Ein Vorteil ist auch, dass man nicht mehr gezwungen ist, seinen eigenen Rechner mitzunehmen, wenn man auf Reisen geht, sondern sich über Terminals einwählt und so die in der Wolke befindlichen Rechner von jedem Ort der Erde bedienen kann, an dem es Internetanschluss gibt.

Setzt sich dieses Konzept durch, hätte das immense Folgen für einen ganzen Industriezweig. Wenn nämlich keine einzelnen Rechner mehr verkauft werden, sondern nur noch Platz auf Großrechnern eingekauft wird, hätte eine Firma wie Microsoft mit ihrem jetzigen Geschäftsmodell ein Problem. Das basiert nämlich auf dem Verkauf von Betriebssystemen, von Software, die auf den Heimcomputern betrieben wird. Millionenfach läuft Windows auf den Rechnern der Nutzer, jeder muss eine Lizenz kaufen, um es nutzen zu dürfen. Das ist ein Riesengeschäft, das Microsoft zu einem der größten Konzerne der Welt gemacht hat. Verlagert sich das aber alles ins Netz, würden Betriebssysteme zwar nicht überflüssig, doch sie würden nicht mehr auf den Rechnern der Nutzer installiert. Sie würden von den Betreibern der Rechenzentren gemietet, gemeinsam mit der sonstigen Software. Abgerechnet wird dann nach Nutzung, nicht nach Arbeitsplatz. Kein Wunder, dass Microsoft in diesen Bereich drängt, denn es muss drohende Verluste kompensieren.

Wenn Cloud Computing bei Unternehmen ein Geschäft ist, bei dem für die Verwendung von Rechenleistung bezahlt wird, so bieten sich den Anbietern im Geschäft mit den Privatnutzern ganz andere Möglichkeiten. Sie hängen natürlich wieder mit Werbung zusammen. Google zum Beispiel könnte ganz einfach billige Terminals verkaufen oder sogar verschenken. Mit denen könnten Nutzer sich in ein Google-Netz einwählen und auf Google-Bürosoftware ihre Texte schreiben und Tabellen erstellen, könnten mit Google-Fotobearbeitungsprogrammen die Urlaubsbilder bearbeiten, mit Online-Videoschnittplätzen ihre Familienvideos schneiden. Die Daten würden auf den Servern von Google gelagert und man hätte überall Zugriff auf sie. Eine Utopie? Die meisten der genannten Programme hat Google bereits online gestellt, Speicherplatz bieten sie für E-Mails schon in einem solchen Umfang an, dass man sein ganzes Leben lang keine Platzprobleme befürchten muss.

Finanziert werden kann so etwas mit Werbung. Denn wer nicht nur die Suchbegriffe der Nutzer kennt, sondern auch Zugriff auf private Dokumente, auf Fotos und Videos hat, der kann noch viel bessere, noch viel direktere Werbung schalten – und entsprechend mehr Geld für die Anzeigen verlangen. Ob dies Erfolgsaussichten hätte? Das erscheint wahrscheinlich, bedenkt man, dass Menschen heute schon im Gegenzug für ein kostenloses Mail-Konto einer Firma Zugriff auf ihre E-Mails geben.

Die Computerwolke wird viele Aufgaben übernehmen, die wir heute mit unseren Computern erledigen. In ihr werden die dafür erforderlichen Programme laufen, nicht auf unseren Rechnern. Mit ihr soll das World Wide Web überflüssig gemacht werden, sie soll uns in geschlossenen Systemen halten.

Das Ende der Neutralität

Irgendwo auf der Welt adressiert ein Computer ein kleines Paket Daten und schickt es an den Empfänger. Das Paket wandert von einem Computer zum nächsten, durchläuft unzählige Kilometer an Leitungen, Glasfaser oder Kupferbahnen. Es wird umgeleitet, wenn Stau herrscht, auf dem schnellsten Weg geschickt, wenn die Bahn frei ist. Es springt von Land zu Land, von Kontinent zu Kontinent. Immer gilt: Das Paket soll so schnell wie möglich von einem Ort zum anderen kommen. Ohne Beurteilung des Inhalts, ohne Beurteilung von Absender oder Empfänger. Jedes Datenpaket, das über das Internet geschickt wird, wird gleich behandelt. Das nennt man Netzneutralität.

Die Netzneutralität soll verhindern, dass finanzkräftige Firmen sich vordrängeln können und ihre Inhalte, ihre Daten, ihre Suchergebnisse bevorzugt behandelt werden. Dass sie sich mit Geld eine Überholspur sichern und schneller als alle anderen vorankommen. Die Netzneutralität ist wichtig, damit das Internet weiterhin ein Ort bleibt, in dem ohne Beschränkungen kommuniziert und gehandelt werden kann. Doch sie ist in Gefahr. Ausgerechnet einer der größten Nutznießer der Neutralität stellt sie in Frage: Google. Zumindest im Mobilnetz ist das der Fall, hier laufen schon Verhandlungen mit Telefonfirmen. Im Festnetz, so findet die Firma, soll alles so bleiben, wie es ist.

Dass das Mobilnetz explizit aus der Zusage zur Netzneutralität genommen wird, hat einen einfachen Grund: Es wird das Netz der Zukunft sein. Je mehr unsere Handys zu kleinen Computern werden, desto mehr werden wir sie dazu benutzen, im Netz zu surfen, desto weniger werden wir auf stationäre Rechner zurückgreifen, die an das Festnetz gekoppelt sind. Wir werden immer mehr Anwendungen verwenden, mit denen wir über Mobilfunknetze kommunizieren. Und wenn ein Anbieter schneller ist als ein anderer, werden wir uns für ihn entscheiden. Die Konkurrenz kann also mühelos ausgeschaltet und ein Monopol durch Geld verfestigt werden.

Gemeinsam einsam

Unser Leben verändert sich. Rasant und doch fast unmerklich.
Wir übernehmen die neuen Techniken und bald scheint es einem
so, als hätte man sie schon immer benutzt. Ob Google, Facebook
oder Apple-Geräte: Das Design ist funktional und teilweise schön,
schnell ist man mit der Bedienung vertraut und alles geht viel besser und einfacher als vorher. Wir kommunizieren mit unseren
Freunden, ganz einfach, sind dauernd in Kontakt, wir hören Musik, tragen unsere Sammlung mit uns rum, lesen Bücher auf elektronischen Geräten. Wir lassen uns von Google Suchbegriffe vor-
schlagen, müssen Wörter nicht einmal mehr bis zum Ende
eingeben. Der Fortschritt ist eine wunderbare Sache.

Aber das Netz beeinflusst auch unser Denken, es verändert
Freundschaften, greift in die Politik ein. Und bis jetzt begreifen wir
nur einen Bruchteil des Wandels, der gerade in unserem Leben
passiert. Wahrscheinlich hat Eric Schmidt recht, wenn er davon
spricht, dass die Menschheit für die Technologie, die ihr heute zur
Verfügung steht, noch nicht bereit ist.

«Denken Sie nicht mehr über Entscheidungen nach, wir machen das für Sie», sagt Schmidt aber auch und freut sich darauf,
dass Google uns bald das Denken abnehmen kann und uns vor-
schlagen soll, was wir als Nächstes tun können. Schmidt hat einen

technischen Blick auf die Welt. Dahinter steht der Glaube, jedes Problem der Welt lasse sich mithilfe eines Computers lösen. Und eines Tages würde das menschliche Gehirn durch einen Computer ersetzt, Schaltungen des Gehirns ließen sich übersetzen. Man müsse dafür nur genug Rechenleistung und Daten haben. Dann wird das schon. Emotionen lässt man am besten gleich ganz sein. Die stören nur bei der analytischen Betrachtungsweise.

Eine Betrachtungsweise, wie sie auch Mark Zuckerberg einnimmt, der allen Ernstes glaubt, dass sich Freundschaften über Facebook so verhalten wie außerhalb davon. Vielleicht wird das eines Tages so sein; zumindest will uns Facebook dahingehend erziehen. Vielleicht denken wir eines Tages auch im richtigen Leben lange über Antworten nach, überlegen, wie wir uns am besten darstellen gegenüber all den Menschen, die uns zuschauen, die uns lesend begreifen wollen, dabei aber vergessen, dass Menschen mehr sind als ihre Äußerungen, ihre Aufenthaltsorte und ihre Konsumgewohnheiten. Das so genannte soziale Netzwerk ist eine Plauderbude, in der man sich nett die Zeit vertreiben kann. Die aber auch nichts anderes ist als eine Plattform, in der man möglichst viel über sich offenbaren soll, damit man gut konsumieren kann. Das soziale Netzwerk Facebook ist in seinem Kern ein Konsumnetz und zeigt das immer deutlicher. Wenn man Fan von Läden werden kann und dies seinen Freunden mitteilt, wenn man Sachen kauft und auch das automatisch mitgeteilt wird, wenn man im Netzwerk spielt und sich viele Funktionen dieser Spiele erst kaufen muss, spätestens dann ist das Netzwerk zum Konsumnetz geworden.

Das Netzwerk Twitter ist ein Dauergeplauder. Jede Meldung ist gleich wichtig ist. Ob in China ein Sack Reis umfällt oder ein Attentat auf einen Politiker verübt wurde. Egal, es ist im Strom der Daten und wird gleich behandelt. Twitter beschleunigt die Kommunikation, schafft es, in kürzester Zeit zu hyperventilieren, große Empörungswellen aufzubauen und sich gleich darauf auf das nächste Thema zu stürzen. Dinge, die man mit etwas mehr Gelassenheit betrachten sollte, werden auf einmal wahnsinnig wichtig, bauschen sich auf und bekommen eine Dynamik, die ihrer eigentlichen Bedeutung nicht gerecht wird. Das ist ganz typisch für vieles im Internet. Wenn, wie im Oktober 2010, der Intendant eines deutschen Rundfunksenders einen dummen Witz in seinem Twitter-Account reißt, ist das Online-Magazinen eine Meldung wert. Und den 20 000 Menschen, die per Twitter darauf antworten, je ein Tweet. Sie fühlen sich stark, weil sie so viele sind, gewinnen den Eindruck, sie würden gemeinsam etwas tun. Und sind doch nur allein dabei, sich in einen Strom einzureihen. Je schneller das Netz ist, desto weniger Filter gibt es für Wichtiges und Unwichtiges. Desto weniger Zeit gibt es dafür, sich einfach mal kurz zurückzuziehen und nachzudenken. Oder, um einfach mal gar nichts zu machen. Sich Zeit zu nehmen, wird in Zukunft nicht einfacher werden, auch deshalb, weil die nächste Technikgeneration bereits eingeführt wird: Mit Mobilgeräten und Cloud Computing soll das Netz überall verfügbar sein. Von überall aus soll gearbeitet werden können, sollen wir ständig online sein und das der Welt im Internet zeigen.

Auch ein anderer Trend wird sich fortsetzen: Im Netz verdienen nicht die, die Inhalte produzieren, sondern die, welche die Infrastruktur zur Verfügung stellen. Die Arbeit von Millionen von Menschen macht einige wenige zu Millionären. Das ist eine fragwürdige Entwicklung, die nur deshalb zustande kommt, weil noch immer die meisten Menschen glauben, alles im Netz wäre kostenlos. Doch dem ist nicht so. Alles hat seinen Preis und einige verdienen sehr gut daran.

Immerhin bedanken sich die YouTube-Gründer bei ihren Nutzern dafür, dass sie es waren, die Google dazu gebracht haben, 1,65 Milliarden Dollar für die Firma auszugeben. Die freiwillige, kostenlose Arbeit von Millionen Menschen hat sehr wenige sehr reich gemacht. Mit denselben Methoden werden Redakteure gekündigt, Musiker verdienen kaum noch etwas, demnächst sind es die Autoren: Die Menschen wollen selbst kreativ werden. Verdienen tut nur noch der, der die Spielwiese zur Verfügung stellt.

Doch die Technologie ist nun einmal da und wir müssen uns zu ihr verhalten, denn eins ist klar: Die Uhr lässt sich nicht mehr zurückdrehen, das Internet und all seine Folgen lassen sich nicht mehr aus der Welt schaffen. Warum auch, es bietet große Vorteile.

Doch es ist mehr als Zeit, sich Gedanken über die Folgen der Digitalisierung zu machen. Und zwar deutlich bessere Gedanken als die deutsche Ministerin für Verbraucherschutz, die empörte Briefe an Mark Zuckerberg schreibt und ihr Facebook-Konto löscht. Bessere als die der Politiker, die Googles Street View als Sommerlochthema aufnehmen, die Empörung schüren und schließlich auf eine Selbstregulierung der Konzerne setzen.

Diese wird nicht stattfinden. Auch weil die Firmen von Menschen geleitet werden, die Überzeugungstäter sind. Die tatsächlich daran glauben, die Menschheit mit ihren Diensten voranzubringen, die glauben, dass wir alle danach streben, möglichst einfach und sorgenfrei zu leben, dass wir möglichst alle Widerstände im Leben verhindern wollen. Sie meinen es gut, und dennoch müssen wir sie kontrollieren – oder gerade deshalb.

Es gibt viele Punkte in der Entwicklung des Internets, die uns Sorge bereiten müssen, denn das Netz wird über die nächsten Jahre und Jahrzehnte immer mehr der Ort werden, an dem wir uns treffen und in dem Entwicklungen stattfinden, die unser politisches Denken und Tun beeinflussen, unsere Meinungsbildung, unser Zusammenleben und sogar unser Gehirn. Die Protagonisten dieser Entwicklung heißen Google, Facebook, Twitter und Apple. Sie heißen aber auch Microsoft und Wikipedia, sie tragen vielleicht Namen, die man noch nicht kennt, die in drei Jahren aber bekannt sein werden und deren Produkte in fünf Jahren in jedem Haushalt zu finden sind. Und vielleicht sind einige der heute genannten Firmen dann schon nicht mehr da.

Die Konzerne sind es, die die Zukunft des Internets gestalten, nicht die Menschen, die es nutzen, nicht die Bürger der Welt. Weil die Firmen das Geld dafür haben, den Willen und die technischen Möglichkeiten. Es ist ein Verteilungskampf. Jede der Firmen möchte Nutzer auf ihre Seite ziehen, in ein System, das sie nicht mehr entlässt. Jede der Firmen macht es anders. Google lässt uns Begriffe suchen, E-Mails schreiben, Landkarten absuchen und verbreitet sich mit seinen Werbeanzeigen im ganzen Netz. Mit Android geht Google auf Mobiltelefone, mit Chrome liefert es den passenden Internetbrowser und bald auch ein Betriebssystem für Kleincomputer. Wer im Netz unterwegs ist, entkommt Google nicht, wie Krakenarme haben sich die Datenfühler des Konzerns dort ausgebreitet.

Facebook will eine eigene Plattform werden, an die sich möglichst viele Entwickler andocken sollen. Facebook möchte eine Art Biotop aufbauen, in dem sich die Benutzer bewegen. In dem sie sich gegenseitig neue Seiten empfehlen und am besten: neue Produkte, denn nur mit Werbung verdient Facebook Geld. Auch Facebook wird mobil. Kooperationen mit Handy-Herstellern sind im Herbst 2010 im Gespräch. Twitter sucht noch nach seinem Platz, hat aber mit einer neuen Seite endlich Platz für Werbung geschaffen. Twitter möchte wie Facebook ein System aufbauen, in dem sich die Nutzer bewegen.

Apple wiederum setzt darauf, dass die Kunden die Geräte der Firma kaufen und sich innerhalb dieser Anwendungen und weiterer Apple-Angebote bewegen.

Allen ist gemein, dass sie ein Fernziel vor Augen haben: die Computerwolke, das Lieblingsthema vieler Internetfirmen. In sie stecken sie Geld und geballte Rechenkraft. Jeder will den schnellsten und überzeugendsten Dienst starten und die meisten Nutzer bekommen.

Was dabei oft untergeht, sind die Nutzer, die Belange der Menschen, die über das Netz kommunizieren. Wir. Und wir werden Antworten finden müssen, wenn wir nicht die Kommunikationswege der Zukunft den Internet-Giganten überlassen wollen. Wir werden Lösungen finden müssen dafür, dass sich große Konzerne anschicken, geschlossene Kommunikationssysteme einzurichten und diese zu kontrollieren. Wir werden eine Antwort auf die immer größere Datensammelwut dieser Firmen finden müssen und auf das reagieren, was mit diesen Daten geschieht. Wir müssen eigentlich schon heute darauf achten, diesen Diensten nicht zu viele Daten zu geben, ihnen nicht den Schlüssel zu unserem Leben geben. Wir müssen darauf bestehen, dass sie dasselbe tun wie das, was sie von uns verlangen: Daten offenlegen. Zeigen, welche Daten gesammelt werden, wo diese gesammelt werden und wie sie zusammengefügt werden. Wir müssen darauf bestehen, dass wir auch Daten löschen können. Und nicht irgendwann einen neuen Namen annehmen, wie Google-Chef Eric Schmidt im Spaß vorschlägt. Wir werden das Problem lösen müssen, dass immer weniger Menschen Millionen mit der freiwilligen Arbeit anderer verdienen und so die Einkommensgewichtung noch weiter verschieben.

Und wir werden uns mit den emotionalen Veränderungen der weiteren Digitalisierung beschäftigen müssen. Wir werden uns wehren müssen gegen Menschenbilder, wie sie Larry Page, Sergey Brin oder Mark Zuckerberg propagieren: den berechenbaren Menschen, den durch seine Daten beschreibbaren Menschen. Denn zum Menschsein gehören Zufälle, Fehler und das Recht, nicht immer effizienter werden zu wollen. Zum Menschsein gehört es, einfach mal den Rechner ausstellen zu können, das Handy auszuschalten und die Landschaft zu genießen. Einmal nicht erreichbar zu sein. Ganz allein zu sein oder auch einfach gemeinsam eine Wüstenlandschaft zu genießen und sich dabei nicht einsam zu fühlen.